ÉLOGE DES CHAUVES

DU MÊME AUTEUR

chez le même éditeur

Mensonges !, 2004

PHILIPPE ELIAKIM

ÉLOGE DES CHAUVES

ROBERT LAFFONT

ISBN 2-221-10560-5

À Étienne, sans qui ces pages ne seraient pas

« Dieu a inventé la calvitie pour rendre les hommes plus humbles. »

Bruce Willis

« La seule chose intelligente à faire est de se comporter comme un homme de son âge. Si l'on a moins de seize ans, ne pas essayer d'être chauve. »

Woody Allen

1.

Il s'appelait Piper-Minus et il n'avait plus un poil sur le caillou. À la façon désolée dont il nous faisait répéter les verbes irréguliers, nous devinions qu'il souffrait de ce double boulet, un nom à dormir debout et une coiffure à coucher dehors, à moins que ce ne fût l'inverse. Mais la vie est-elle faite pour rigoler ? Il souffrait aussi de devoir nous supporter, une classe entière de bacheliers insouciants à s'appuyer trois fois par semaine, sans parler des interminables réunions de professeurs et des concours blancs à corriger le dimanche soir. Les jours de grande lassitude, le malheureux sortait de sa poche un mouchoir à carreaux grand comme une nappe de pique-nique, épongeait la sueur sur son front infini et nous gratifiait d'un solennel « *Use your brain, if any !* », formule elliptique qui, nous avions fini par le découvrir, signifiait : « Faites marcher votre cerveau, si toutefois vous en possédez un. » « Ce serait étonnant », semblait ajouter silencieusement Piper-Minus, avec un sourire fatigué. Jadis, il avait dû tenter sa chance. Il avait dû s'agripper aux aspérités de l'existence pour essayer de sortir de son angle mort. Nous l'imaginions blessé par quatre décennies d'échecs, sans femme, sans amis, sans enfants, rabâchant sa solitude et nos copies dans un deux-pièces propret de Fontenay-aux-Roses, entre un Frigidaire vide et ses volumes de Beckett. Cela ne nous empêchait pas de lui secouer les puces. La moitié latiniste de notre classe l'avait surnommé Piper-Jactus, et l'autre, d'influence plutôt savoyarde, « Boulaz », autrement dit Boule à zéro. N'ayant jamais eu d'attirance pour le latin, j'optai sans hésiter pour le camp des Boulaz et j'usais de son cri de ralliement en toute occasion – « Pas trop vite, Boulaz ! », « On comprend rien, Boulaz ! » – de façon à être entendu de lui. L'affaire, cependant, ne rendait pas autant que nous l'espérions. Piper-Minus, qui n'ignorait rien de ce méchant surnom, l'avalait avec un tact d'officier britannique et se retournait sans mot répondre vers le tableau noir. Il était digne. Pour autant, il ne volait pas nos moqueries, car, après tout, il était chauve.

C'est à cette époque que j'ai commencé à perdre mes cheveux. Jusqu'alors, j'ose le dire, je possédais une crinière plus attrayante que la moyenne, fine, légère, séduisante, aérienne, soyeuse, à peine ondulée et moirée de reflets d'or, que je travaillais chaque semaine en secret avec un shampooing à la camomille. Les filles aiment les reflets d'or travaillés chaque semaine en secret avec un shampooing à la camomille. J'avais un autre atout planté sur la tête, que m'enviaient sans s'en cacher la plupart de mes camarades : pour je ne sais quelle raison physiologique, deux mèches en forme de tire-bouchon coulaient symétriquement le long de mes tempes, sans que je fisse rien pour les encourager. Cette particularité capillaire était du reste fort tenace puisque, même sous une pluie battante, ma paire d'épis descendants conservait sa tenue de bigoudis. Ainsi, le kepele de zibeline mis à part, je ressemblais à s'y méprendre à l'un de ces juifs hassidiques qui se frisent tous les matins les papillotes pour mieux rendre grâces à Dieu. Cela me valait de temps à autre le coup d'œil sombre d'une vieille dame interloquée, en particulier lorsque je fumais le shabbat ou que j'avalais un œuf au plat-jambon.

Mais ces accroche-cœurs m'apportaient aussi des regards de biche et des bonnes fortunes en pagaille – en somme, ils faisaient leur office et je les en bénissais tous les soirs.

Bien entendu, même chez un juif fumant le samedi, une tête ne se déplume pas en un jour. Il faut des années à la nature pour arracher ce qu'elle a semé et le ficher à la poubelle en ricanant. Je peux néanmoins fixer avec précision l'heure à laquelle je pris pour la première fois conscience de la désertification inéluctable de mon crâne. C'était un soir d'hiver, il tombait une pluie glacée sur la rue Marx-Dormoy ; bien au chaud dans mon petit deux-pièces, je dégustais un yaourt à la fraise, en ressassant pour la cinquième fois les causes politiques de la révolution anglaise. L'onctuosité du laitage compensant en quelque sorte la dureté d'Oliver Cromwell, je me sentais pratiquement à l'équilibre, ce n'était pas tous les jours, d'ordinaire j'avais plutôt le sentiment de boiter sur les pavés disjoints de l'existence. Comme je savourais l'une des dernières cuillerées, je sentis subitement un corps étranger filiforme se tortiller sous mon palais. Pouah ! Un cheveu ! Un cheveu dans un yaourt ! Les laitières de Vermeer n'avaient-elles donc pas toutes été remplacées par des louches automatiques et inoxydables ? Je me mis à déverser les plus terribles imprécations contre la maison Nestlé, car une fabrique alimentaire qui laisse ses ouvrières assaisonner la production avec des échantillons de tignasse ne mérite pas notre confiance, tout le monde en conviendra. Écœuré, je me fourrai les doigts jusqu'au fond de la gorge et, imprimant à ma langue de lents mouvements de va-et-vient à la façon d'un iguane mexicain, je réussis à extirper le follicule étranger juste au moment où j'allais l'avaler. Prppchtsss... Je l'envoyai dinguer à mes pieds d'une pichenette rageuse, avant de me raviser. Il me le fallait, ce salaud. Non pas pour me venger – selon toute vraisemblance il était subclaquant, peut-être même déjà mort – mais, comment dire, à titre de témoin morphologique. Était-il brun ou roux ? long ou court ? bouclé ou crépu ? gras ou sec ? fourchu ou lisse ? Si je voulais cerner le visage de la laitière coupable pour mieux y planter mes épingles, il me fallait passer ce crin au crible. Je m'accroupis et me mis à gratter la moquette de mes ongles, avec la minutie d'un brigadier de police scientifique.

Je ne sais pas s'il vous est déjà arrivé de chasser le cheveu d'ouvrière sur une moquette rouge grenat, pour moi c'était la première fois, mais cela prend moins de temps qu'on ne l'imagine. Au bout de quelques secondes, je mis la main non seulement sur l'objet du délit encore gluant de salive, mais sur trois de ses congénères, qui campaient dans un rayon de quelques centimètres. Par quel chemin étaient-ils arrivés là ? De quelle chevelure pouvaient-ils provenir ? Un peu inquiet, je passai la famille en revue sous la lampe du salon et me cognai la tête au mur de l'évidence : ils n'étaient ni roux, ni bruns, ni crépus, ni bouclés, ni gras, ni longs, ni laqués, ni parfumés. Ils étaient blonds, avec des reflets moirés de camomille.

Ainsi frappe le destin à la porte.

Vous n'êtes pas obligés de me croire, mais les choses se sont passées exactement comme je les décris. Peut-être pleuvait-il un peu trop dru pour la saison. Mais aucun coup de tonnerre ne claqua dans la nuit, aucun chien de Baskerville ne déchira le silence d'un hurlement à fendre l'âme, et les rideaux ne s'affolèrent pas dans la pièce comme des fantômes, pour la bonne raison qu'il n'y avait pas de vent. Après deux décennies de bons et loyaux services, ma vie basculait dans l'enfer comme un culbuto et les éléments s'en moquaient. La concierge elle-même, ordinairement écumante de bave en ces fins d'après-midi boueuses, sembla prendre un malin plaisir à se taire pendant ces minutes décisives, preuve que, en définitive, elle faisait attention à moi. Planté sous mon abat-jour avec mes quatre poils dans la main, il me fallut donc affronter seul cette double découverte déterminante pour la suite de mon existence. D'abord que j'étais un salaud, puisque j'avais accusé à tort une compagnie multinationale honorable, et qu'en conséquence je ne pourrais jamais devenir journaliste économique (ou alors à la télé). Ensuite, que ma chevelure partait en capilotade.

Que peut-on perdre à la sortie de l'adolescence ? Son temps, ses illusions, son pucelage, ses copains, sa grand-mère, son amour, ses lunettes, son portefeuille, tout à la fois si cela chante. Mais ses cheveux ! Je ne laisserai dire à personne que vingt ans est le plus bel âge pour les voir folâtrer un soir d'hiver sur une moquette grenat de la rue Marx-Dormoy. À demi démoli par la nouvelle, je fis le tour de la pièce à quatre pattes en priant pour m'être trompé et je recueillis sans forcer en quelques minutes une pleine poignée de ma propre crinière, éparpillée en fins lambeaux jusque sous les coins obscurs du lavabo. Mon oreiller en était constellé, ma veste picotée, et je découvris plusieurs éléments suspects qui livraient une bataille déséquilibrée contre des spaghettis au fond d'une casserole sale. Grands dieux ! Cela faisait sans doute des semaines qu'une guillotine lilliputienne me sabrait en secret le cuir chevelu, que des petits morceaux de moi se détachaient pour aller voleter, libres et joyeux, dans l'air du matin, sans même avoir eu la courtoisie de m'en prévenir. Ce n'était pas la gangrène, il ne faut pas exagérer : c'était pire, l'élimination systématique de mes organes de séduction, une lente castration par le haut conduite avec le savoir-faire d'un maître des supplices chinois, la faux sur la tête et la mort dans l'âme. Qu'allais-je devenir sans mes bouclettes de faux rabbin ? Je me précipitai vers le miroir pour constater les premiers ravages du défoliage organisé : rien. Rien encore. Mais sous peu leur absence me crèverait les yeux, cela ne faisait aucun doute, je pourrai me gaver de saucisson en pleine synagogue sans offusquer personne et courir le cent mètres à plat ventre pour attirer les filles. Le ravalement par le vide avait commencé. J'étais foutu.

Lorsqu'un coup du sort vous tombe sur le crâne, il y a deux façons de réagir. La première consiste à continuer son chemin comme si de rien n'était, en sifflotant *Le Beau Danube bleu* pour donner le change. Les gens pensent que c'est là une manière de lâche et ils n'ont peut-être pas tort. Mais quelle efficacité si l'on parvient à résister ! Voyez-vous, les problèmes sont comme tout le monde, lorsqu'on ne s'occupe pas d'eux, ils finissent par se vexer et s'en vont voir ailleurs d'un air penaud. Vous êtes-vous jamais demandé comment les funambules qui dansent la gigue en tutu rose entre les gratte-ciel de Manhattan s'y prenaient pour ne pas s'écraser au sol ? Comment les alpinistes qui attaquent à mains nues des falaises à tomber par terre parvenaient sains et saufs au sommet ? Seuls ceux qui n'ont jamais regardé en bas pourront vous donner la réponse… J'ajoute qu'à l'instar de la colle cyanolide, la stratégie des yeux fermés est universelle, capable de régler leur compte à pratiquement tous les types de lézards, y compris les grands sauriens. En à peine trente ans de snobage intensif, l'une de mes amies est ainsi parvenue à terrasser une atroce verrue plantée en plein sur son bout du nez, je n'invente rien. La seconde façon de combattre les soucis repose sur une philosophie autrement virile : il s'agit de se carrer pile en face de l'adversaire et de le défier du menton jusqu'à le coincer dans les cordes. Cette tactique à la Rudyard Kipling, portée aux nues par les pubards de Nike et les pilotes de Formule 1, est le fait des braves et des chevaliers. Elle conduit invariablement à la catastrophe, car les ennuis sont toujours plus forts que nous, en particulier lorsqu'ils nous attaquent le haut du personnage au flacon dépilatoire. Je n'étais point un lâche. Je n'avais pas le cœur à louvoyer. Sans hésiter, je choisis l'affrontement direct pour terrasser ma chauvitude.

Dès lors, ma vie tout entière devint une affaire de cheveux. Je me plongeais dans les livres, dépeçais les théories, scrutais les avancées médicales, interrogeais les spécialistes. Je voulais tout connaître de mon nouvel ennemi, mesurer ses armes secrètes, décortiquer ses lignes de défense, mettre à nu ses chausse-trappes et ses talons d'Achille. J'appris que le follicule pilaire était un entortillement biscornu d'acides aminés de diverses carrures, qu'il se laissait irriguer par un organe rondouillard appelé glande sébacée et qu'il n'était que partiellement vivant, l'hypocrite, son sous-sol bouillonnant de cellules travailleuses et de réseaux sanguins, quand sa partie aérienne relevait simplement de la vieille corne. Je découvris que l'être humain normalement constitué en possédait entre cent mille et cent cinquante mille, ce qui fait déjà un joli buisson, mais que, pour des raison génétiques encore mal explorées, les Afghans en abritaient 20 % de plus sous leur turban. La nuit, je rêvais de galoper dans les steppes afghanes, ma folle crinière au vent.

Pendant la journée, l'obsession prenait un tour moins échevelé. Avec une méticulosité d'arpenteur, je recensais tous les chauves que je pouvais croiser et je consignais chaque soir le résultat de ce recensement démentiel en pattes de mouches sur un petit carnet, que j'escamotais dans un placard à chaussures. Il ne s'agissait pas de me faire prendre par les copains. Pour conférer à cette démarche de demi-fou une espèce de valeur scientifique, car je n'avais pas abandonné toute dignité, j'entrepris de classifier mes dégarnis en catégories zoologiques distinctes, selon l'ampleur de leur déconfiture. Je constituais ainsi trois colonnes dans mon calepin secret : les faux derches à peine ratiboisés, mais, cela se devinait à leurs yeux égarés, déjà démolis par la cisaille et irrémédiablement promis à un avenir désertique ; les semi-tondus, à la piste d'atterrissage suffisante pour les insectes de maigre envergure, moustiques, moucherons, éventuellement les coccinelles ; les grands vidés, enfin, dont l'occiput brillant et libéré de toute aspérité pouvait accueillir sans risque, y compris de nuit, des escadrilles entières de phalènes à poils argentés et de coléoptères cargo.

Seuls ces derniers (les grands chauves) m'intéressaient vraiment. Ils étaient en quelque sorte le point ultime de la déchéance capillaire, le zéro absolu de la coiffure pour homme et, par là même, un pur objet de spéculation philosophique. Comment de véritables êtres humains pouvaient-ils tenir debout sous une pareille absence ? C'était à ne pas croire. Il m'arrivait pourtant d'en croiser une bonne trentaine dans la matinée, tous plus âgés que moi et tous extrêmement laids, mais marchant droit cependant, et souriant à la vie nonobstant, ce qui me plongeait dans des affres d'incompréhension. Ces jours de grande affluence, j'étais malgré tout un peu moins désespéré qu'à l'ordinaire. Mon enfer promettait d'être effrayant. Mais il n'était pas dit que j'y grillerais seul.

Bien sûr, il m'arrivait de temps à autre de délaisser ma monomanie pour aller fixer mon attention à d'autres clous x. Jeunesse volage… Je faisais le fou dans des soirées bourgeoises avec d'ensorcelantes demoiselles à talons aiguilles, je m'éreintais les triceps au tennis contre plus forts que moi, je me perdais dans d'interminables balades sur les plages de l'île de Ré, l'esprit dans les vagues et les cheveux au vent. J'avais encore de quoi faire sur la tête, il fallait en profiter. Et puis, je devais bachoter mes examens, c'était indispensable pour lancer dans de bonnes conditions ma future carrière de journaliste télé – d'autant que ma disgrâce annoncée promettait déjà de la compromettre. Mais ces parenthèses extracapillaires ne duraient jamais bien longtemps. À tout instant, un fil invisible me ramenait à mes fils déclinants comme une balle de Jokari : mon reflet dans le miroir des toilettes, un vieux peigne égaré dans un wagon, mes copies de philosophie, sur lesquelles, quatre ou cinq fois par heure, venait se poser avec une grâce automnale l'un de mes blonds appendices, ajoutant au passage un minuscule jambage à une lettre encore mouillée de rosée bleue.

De tous ces rappels à l'ordre, les après-midi d'anglais avec Boulaz étaient de loin les plus terrifiants. Boulaz… Jadis, un univers nous séparait.

Il se traînait sur le mauvais versant et moi je volais sur le bon, c'était injuste mais c'était ainsi, c'était cruel mais c'était ainsi, l'immense injustice naturelle, Boulaz, l'immense injustice qui tire le bonheur aux cartes et balance les hommes sur le tapis roulant de la vie au petit bonheur, comme des colis postaux. Qu'y pouvais-je si le grand ordonnateur avait semé du Roundup sur tes hauteurs et point sur les miennes ? Hélas ! Désormais, entre lui et moi, ce n'était plus qu'une question de temps. Il avait pris une longueur d'avance, cela se voyait comme le nez au milieu de la figure, mais j'étais sur le chemin, son arrière déplumé en ligne de mire, je filais à ses trousses, suant, soufflant, éructant, gémissant, m'arrachant les poumons, m'entends-tu haleter dans tes reins, Boulaz ?, m'entends-tu souffler comme jadis tu soufflas, gémir comme jadis tu gémis, je suis ton frère, Boulaz, je suis ton autre, ton absence, ta déchirure et ton mauvais sang d'encre.

« Comment faites-vous pour éviter la chute des cheveux ?

— Je fais un pas de côté. »

Groucho Marx

2.

J'entends qu'on ricane dans ma nuque. Trois mèches en moins sur le devant, il ne va quand même pas nous en faire un foin, l'animal ! Serait-il, en sus, difforme et minuscule, comme Toulouse-Lautrec, flanqué d'un nez en poireau, comme Atchoum et Grincheux, ou simplement battu aux présidentielles, comme Valéry Giscard d'Estaing, on pourrait à la rigueur compatir à ses jérémiades. Mais juste chauve ! Et pas même encore, à ce qu'on a lu, en voie de le devenir et déjà pleurnichard, où vont se loger les larmes dans l'Occident moderne, on se le demande un peu. À ce que l'on sache, d'autres, des millions d'autres, endurent depuis des siècles cette piqûre d'épingle de la nature avec dignité, le menton haut, l'œil farouche, et ils ne jouent pas les contrôleurs aéroportuaires pour se libérer de leur vide…

Entre nous, je m'y attendais. Nous, peuple des dépoilés, avons l'habitude de ce genre de coup bas. Ce n'est pas assez que les hirsutes nous narguent avec leurs épis rebelles, leurs pellicules impossibles et leurs brushings ratés, il faut encore qu'ils nous nient dans notre chair à nu. Les infâmes ! Nous affrontons le monde avec un profil de naturiste et nous devrions sourire aux miroirs, ne pas envier les copains, et faire la révérence aux dames qu'ils nous soufflent. Que ne font-ils la queue pour prendre notre place ! Voyez-vous, vingt-cinq ans de combat corps à corps contre la calvitie n'ont pas fait mûrir la moindre graine sur mon chef stérile. Mais ils m'ont au moins appris que les chevelus sont des êtres sans cœur, et qu'il convient de s'en méfier comme du cobra royal.

Le menton haut et l'œil farouche, mes camarades de souffrance ? Tssss… Socrate, le sage philosophe, n'était pas si stoïque lorsqu'il songeait à son crâne brillant comme une aubergine, dont tout Athènes se moquait, et qui lui faisait des nuits blanches. Pour conjurer l'humiliation, le pauvre homme s'était autoconfectionné une théorie assez audacieuse, mille fois reprise depuis, selon laquelle les chauves sont plus intelligents que les autres (pour la raison que leur occiput prend plus facilement l'air du large et qu'aucun cheveu ne vient y pomper de sève). Nul ne sait si le sophiste croyait vraiment à cette ineptie, mais il la professait avec une telle conviction que ses propres détracteurs finissaient par en être ébranlés. « L'herbe ne pousse pas dans les rues actives », leur assenait-il. Son compère Hippocrate, affligé lui aussi d'une tonsure disgracieuse, et pas non plus détaché de la chose à ce qu'on croit savoir, préférait pour sa part combattre le mal par les sciences exactes. Afin d'obtenir une repousse, le père de la médecine moderne se badigeonnait les tempes avec une mixture de sa composition, dont les dosages n'ont, hélas ! pas résisté à l'épreuve du temps, mais qui comportait, on le sait aujourd'hui avec certitude, du laudanum, de l'huile de rose, quelques pincées de cumin, une certaine quantité de suc d'acacia, du raifort pilé (pouvant être à la rigueur remplacé par de l'ortie broyée), le tout lié par de la fiente de pigeon fraîche, recueillie au cul des volatiles. Les difficultés d'approvisionnement en guano première main m'ayant jusqu'à présent dissuadé de tester la chose, je ne puis attester de son efficacité. Mais on peut penser que cette potion donnait des résultats appréciables. Hippocrate n'était pas n'importe qui.

Le menton haut et l'œil farouche ? La vérité, n'en déplaise aux emplumés, c'est que, du plus loin qu'on remonte, les blessures capillaires ont craquelé l'âme des grands de ce monde. Jésus-Christ, Dieu soit loué, n'avait point ce genre de problèmes – la vie lui causait assez de soucis comme ça. Mais Jules César, si, et il en souffrait, le sait-on, pis encore que des vilenies de son fils indigne. Pour atténuer sa défaveur, dont les Romains se gaussaient dès qu'il avait le dos tourné, le malheureux se coiffait d'une couronne de lauriers, habilement positionnée pour masquer ses parties évidées. La stricte règle romaine réservant le port de cet artifice végétal aux seuls lendemains de victoire, l'Imperator, qui ne mettait tout de même pas la pilée chaque matin à Scipion l'Africain, dut se résoudre à implorer le Sénat de lui accorder le droit de le conserver en permanence. Les épaules secouées d'un fou rire inextinguible, les patriciens finirent par accepter cette étrange dérogation. Il leur en aurait cuit de la refuser… Quelques années plus tard, Caligula, chatouilleux lui aussi à l'endroit de son crâne en deuil, arrêta une méthode plus expéditive pour faire taire les railleurs. La simple vision de beaux jeunes hommes bien coiffés suffisant à le mettre en fureur, ce délicat les faisait tondre séance tenante – quand il ne les envoyait pas directement dans l'arène, comparer leurs crinières avec celle des lions. Seigneur, gardez-nous des empereurs exfoliés !

Enfin, quand je dis gardez-nous… Les jours de grande déprime, il m'arrivait de rêver que ce givré reprenait le pouvoir et qu'il liquidait d'un coup de glaive le bellâtre de la publicité pour le pétrole Hahn. Je ne devrais pas écrire cela, mais, ces soirs-là, je dormais mieux qu'à l'ordinaire.

Malheureusement, les grands calvites ne furent pas tous aussi dynamiques. Louis XIV, par exemple, n'assassina aucun chevelu pour se venger de sa disgrâce. Partant du principe qu'un Roi Soleil ne pouvait décemment arborer une tête de lune, il se contenta de conforter la mode des perruques – lancée par son père, Louis XIII, pour de semblables raisons. Avec tellement d'insistance que, de mémoire de figaro, nul n'osa jamais paraître tête nue à Versailles sous son règne glorieux. En dehors de son barbier, qui tondait chaque jour sa toison résiduelle en tremblant, personne, non plus, ne porta le regard sur son crâne ascétique. Le grand Louis chassait perruqué, se lavait (rarement) perruqué, et honorait ses Montespan comme à carnaval. Chaque soir, il attendait qu'on ait tiré le rideau de son lit pour passer en catimini sa perruque à son valet de chambre par un interstice de soierie. Chaque matin, il reprenait son postiche par le même entrebâillement, et s'en coiffait comme un voleur avant de poser le pied à terre. La grandeur côtoie parfois la misère.

Cela suffit-il aux ricaneurs ? Prennent-ils tout doucement conscience, les heureux hommes, des affres auxquelles peut conduire la désertion capillaire chez leurs voisins de palier ? Pas encore ? Napoléon les en convaincra peut-être. Car lui aussi se dégarnissait plus vite que les rangs de la Grande Armée, et lui non plus n'entendait point le faire savoir à ses grognards – pas plus qu'à ses conquêtes. Les usages républicains (et la guillotine) ayant fait définitivement la peau du postiche, notre empereur choisit un expédient plus adapté pour gérer sa chevelure. Il était militaire : il chaussa le bicorne. Et, comme cela ne suffisait point à apaiser son mal, ce génie du placement déploya ses mèches arrières sur le devant de la scène, à la manière des divisions d'Austerlitz, de façon à combler les abandons de poste dans ses lignes de front. Hélas ! Cet artifice n'empêcha pas les méchantes langues de surnommer ce grand homme « Le Petit Tondu ». Ah ! les vils ! Ah ! les odieux ! Mais qu'y faire ? Napoléon ne pouvait tout de même pas passer les moqueurs par les armes, comme le faisait au même moment, et pour la même raison, le tsar de Russie. Il se contenta donc de déprimer dans son coin. (Notons par parenthèse que, de son aveu même, une partie de l'entretien qu'il eut avec ledit tsar fut consacré à la grave question de leur clairsemage respectif. Comment Sa Majesté vivait-elle sa Berezina capillaire ? Avait-elle déniché, au fond des steppes russes, quelque remède de babouchka ? Pensait-elle que le froid puisse ralentir la chute des mèches, ou au contraire l'accélérer ? Après avoir jeté leurs armées les unes contre les autres et conduit des centaines de milliers d'hommes à la mort, ces deux-là mettaient enfin les vrais problèmes sur la table.)

Lauriers, postiche, bicorne... Un siècle et demi plus tard, Yasser Arafat a-t-il, un moment, hésité entre ces couvre-chefs historiques pour cacher sa propre calvitie ? Nul ne le saura jamais. Mais on peut supposer que l'inflexible leader a pris la bonne décision en choisissant le keffieh pour symbole de son combat patriotique : coiffés de perruques à bouclettes, les glorieux militants de la Résistance palestinienne eussent sans doute été moins crédibles, et les terroristes à ceinture explosive plus facilement repérables s'ils avaient œuvré dans les bus israéliens en chapeau de Napoléon. Au reste, une fois sa décision arrêtée, Yasser n'en démordit pas. Le farouche combattant était tellement complexé par son absence de coiffure que, en cinquante ans de lutte contre l'hydre sioniste, et même dans les pires chaleurs du désert, il ne quitta pas une fois sa moumoute à damier. Pour semer les tueurs du Mossad, c'eût pourtant été un excellent camouflage.

Oyez-vous, mauvais coucheurs ? Oyez-vous combien elle souffre, l'armée déguenillée des déplumés du sommet ? Sentez-vous le fer qui la tarabuste, la déchirure de l'absence sur sa peau tendue comme un tambour ? Au vrai, je n'en étais pas là. Le grand architecte commençait à peine son ouvrage de défiguration sur ma personne, il n'avait encore dégagé que deux vagues arrondis au sommet de mon visage d'albâtre, et ces golfes miniatures, tout justes perceptibles pour un œil averti (le mien), n'avaient point entrepris de ravager ma vie. En somme, j'étais encore un homme digne.

« Quand j'ai commencé à perdre mes cheveux, j'ai compris que j'aurai toujours une longueur d'avance sur les autres. »

Laurent Fabius

3.

En dehors de son miroir, la première personne à qui l'on parle de ses affaires capillaires est évidemment son coiffeur. Le mien sévissait dans une officine un peu grisâtre du XVIIIe arrondissement de Paris, entre un marchand de quatre saisons souffreteux et un bar-tabac qui sentait fort le pipi. Ses trois fauteuils à l'ergonomie douteuse, sans doute vissés là depuis la Première Guerre, avaient accueilli tant de tignasses à rectifier que leur skaï luisant était entrelardé de larges déchirures, à travers lesquelles suintaient des lambeaux de mousse. À quelque heure de la journée qu'on poussât la porte, le sol de cet antre était jonché d'épluchures crâniennes brunes, blondes, blanches, rousses, grises, mauves, et parfois même verdâtres, en sorte qu'en huit ans de fréquentation, et malgré l'infernal éclairage au néon qui pendouillait du plafond, je n'étais encore jamais parvenu à distinguer dans son intégralité la mosaïque dessinée par le carrelage. Lorsque, par un incroyable concours de circonstances – il ne passait pas grand monde ici –, un client se présentait à un moment d'affluence, on le faisait attendre dans un fauteuil à shampooing surmonté d'un bassin en Plexiglas. Un *Paris Match* graisseux entre les mains, le malheureux était contraint d'y patienter la tête rejetée vers l'avant à s'en coller un torticolis, dans une atmosphère écœurante de shampoinade, de vapeurs d'aisselles et de résistance électrique. Et, quand son tour venait, il n'était pas rare qu'il peine à se relever, il fallait venir le déplier avec cent précautions et mille excuses. « On a si peu de place… » Pour réchauffer l'atmosphère, un transistor branché sur Radio Luxembourg distillait en permanence à soixante-quinze décibels les états d'âme féminins d'Anne-Marie Peysson ou, selon les jours et les saisons, les folles péripéties de l'étape de l'Alpe-d'Huez, pimentées à l'anisette Duval et aux buffets campagnards gratuits. On ne s'ennuyait pas.

Cette ambiance à la Simenon me plaisait. J'ai toujours eu en horreur les salons de coiffure modernes, où l'on n'ose pas entrer les pieds crottés et qui se prennent pour des hôpitaux. Un salon de coiffure est un salon de coiffure, une sorte d'abattoir à parties sèches, un bas fond d'humanité conçu pour régler ses comptes avec les cheveux gras en se repaissant des frasques de la famille de Monaco. Il n'y a vraiment pas de quoi se pousser du col : fait-on toute une histoire avec ses rognures d'ongles ? Mon merlan, M. Lionel, partageait mes théories. Il vous accueillait d'une rude poignée de main, vous passait le peignoir en vous luxant à demi l'épaule, attendait à peine de savoir de quel côté vous préfériez la raie et coupait dans le tas comme on tranche une escalope, droit, sec, sans chichis et… bien.

— Qu'est ce que vous croyez ? En vingt-huit ans de métier, j'ai encore jamais abîmé une oreille !

Littéralement béat d'admiration devant mes papillotes naturelles, ce facétieux m'avait surnommé « Marie-Antoinette », sobriquet un peu longuet qu'il avait fini par contracter, au fil des années, en un claquant « l'Antoinette ». Je crois que le caractère hautement aristocratique de ce prénom ne l'avait jamais effleuré, car M. Lionel, qui m'avait connu à l'adolescence et me tenait toujours pour un grand gosse, persistait à me tutoyer. En somme, il m'aurait tout aussi bien donné de « la Josiane ».

— Tiens, l'Antoinette, patiente un peu sur le fauteuil à shampooing, on est à toi tout de suite.

Au reste, je venais moins pour lui que pour son aide de camp. Comment une telle demi-déesse avait poussé dans cette canaillerie, c'est un mystère que je n'ai jamais pu éclaircir. Marielle avait une chute de reins à faire oublier Marilyn, un accent de Marseille à couper aux ciseaux et des yeux océaniques dans lesquels Paul Newman en personne aurait pu se noyer – à tout le moins faire des longueurs. Lorsqu'elle portait un jean moulant et un corsage trop étroit, c'est-à-dire tous les jours, la regarder onduler entre le séchoir et les flacons de laque suffisait à vous rassurer sur l'existence de Dieu, cette fille était une bombe à fragmentation, elle vous mettait l'âme en miettes, fichait le feu à la mer, et recommençait quand c'était fini. En outre, elle shampooinait à merveille. La lascivité avec laquelle elle faisait aller ses mains sur les cuirs chevelus de la clientèle était tellement provocante que les épis eux-mêmes en avaient des frissons. Et quand, se postant sur le devant pour mieux vous masser le haut du front, elle vous fichait sous le nez son décolleté d'actrice italienne, il fallait une volonté de père franciscain pour ne point soupirer trop haut.

— Je vous fais mal, là ?

Oui, elle me faisait mal. Dès qu'elle approchait ses ongles rouges de ma nuque en émoi, le monstre du désir se frayait un chemin au couteau de cuisine dans ma chair haletante et me malaxait les entrailles avec ses doigts de boucher. Hmmm… Je la soupçonnais fort de s'en rendre compte et même d'y prendre goût car, au fil des semaines, la traîtresse allongeait imperceptiblement les séances, jusqu'à les faire durer comme un orage d'été.

— Faut croire qu' tu les avais sales, l'Antoinette !

— Quoi donc, monsieur Lionel ?

— Tes bouclettes, c'te blague ! Parce que là, ou j'suis pas du métier ou ça fait trois fois qu'elle te les r'passe au décapant, pas vrai Marielle ?

— Mmmm…

À travers le rideau de bulles qui me brouillait les cils, je la devinais rosir de plaisir et d'humiliation. Elle me rinçait à l'eau bouillante en ignorant mes cris, m'embobinait dans une serviette jaune qui empestait la lessive à bon marché, et, pour donner le change, m'extirpait du fauteuil à délices avec une brutalité de chiropracteur. J'étais de nouveau sur terre.

— Voilà, m'sieur Lionel ! Il est à vous comme un sou neuf.

Marielle, qui avait raté son brevet et n'avait probablement jamais fait d'étincelles en version latine, se mélangeait un peu dans les expressions françaises. « En voilà encore une qu'a pas inventé la poudre ! » s'exclamait-elle chaque fois qu'une vieille dame peinturlurée avec un méchant blush quittait la boutique en rajustant sa permanente. Et lorsqu'un client maladroit laissait échapper une pièce de monnaie sur le sol chevelu du salon, et que M. Lionel, en commerçant avisé, gratifiait la compagnie d'un tonitruant : « Ça repousse pas ! », elle confirmait toujours d'un air entendu : « Ben tiens ! Une fois coupés, ils sont bien morts ! » Pauvre Marielle… J'avais beau faire l'impossible pour trouver des grâces à cette grâce – on ne peut quand même pas n'aimer une fille *que* pour sa chute de reins – je ne parvenais pas à dénicher la moindre aspérité sur les parois de son cerveau trop lisse. Son centre de gravité intellectuel devait se situer quelque part entre Johnny Hallyday et Kiri le clown, et mon fol espoir d'y dénicher coûte que coûte un passage vers les sommets, même vosgiens, s'amenuisait de jour en jour. Cela aurait dû me faire fuir à toutes jambes. Au lieu de quoi, allez savoir pourquoi, je réussissais à lui trouver un certain charme – comme si, porté à son paroxysme, le crétinisme alpin pouvait acquérir de la noblesse, peut-être même une sorte de beauté.

Il est vrai qu'à cette époque ma vie affective avait besoin d'un sérieux remontant. À force de picorer à la sortie des lycées, j'avais fini par me faire aimer d'une khâgneuse à franges brunes, assez jolie du reste et probablement surdouée, mais littéralement obsédée par les mécanismes de l'analyse sociologique : elle ne pensait qu'à cela, ne parlait que de cela, ne rêvait que de cela, et il n'était pas rare qu'au moment crucial elle interrompe nos ébats pour me faire part d'une lumineuse réflexion sur Marcel Mauss. En revanche, à mon grand désespoir d'amateur de talons aiguilles, Émilie s'intéressait peu aux chaussures. Qu'il pleuve ou qu'il vente, la malheureuse battait le pavé avec la même atroce paire d'espadrilles violettes, achetée un jour de malheur sur le marché de Carpentras, et qu'elle s'obstinait à chausser le talon à l'air, à la manière de ces mules en cygne portées par les divas des Folies-Bergère. La moindre réflexion de ma part à propos de cette chausse impossible me valait par retour de service une assommante scène de ménage, agrémentée de plusieurs heures de bouderie, car ma traîne-savates avait la rancune pesante. La vie n'était pas facile. Bien entendu, nous étions sans le sou, contraints de dîner cinq ou six fois par semaine dans les plateaux en acier inoxydable du restau U local. Cela ne contribuait pas à apaiser l'ambiance conjugale, même si l'adversité nous rapprochait de temps à autre.

Ainsi avions-nous conjointement développé un dégoût haineux pour les tranches napolitaines, que les grosses femmes de service nous proposaient tous les jours en guise de dessert. Le soir venu, au moment de nous déshabiller, nous évoquions très sérieusement la possibilité d'en jeter une au visage du doyen de la fac, et cette hypothèse rafraîchissante rehaussait notre niveau d'excitation : nous faisions mieux l'amour. Je pense qu'Émilie et moi sommes les deux seuls êtres vivants au monde, végétaux compris, à avoir vu leurs performances sexuelles transcendées par une tranche napolitaine. Aujourd'hui encore, lorsque je vois traîner l'un de ces as de pique (de cœur aussi, je crois) sur un coin d'assiette, il m'arrive de ressentir une bouffée d'émotion, parfois même de verser une larme de nostalgie.

Vaut-il mieux s'ennuyer au lit avec une sociologue surdouée, ou se pâmer dans les bras d'une shampouineuse décérébrée ? La plupart des hommes de qualité vous répondront sans hésiter : la sociologue ! Il faut croire que je n'en étais pas un, car, après avoir successivement soupesé le pour et le contre sur les balances de la morale, du plaisir, du devoir, du bon Dieu, des fantasmes, de la bienséance et de la justice prolétarienne, j'optai résolument pour le choix numéro deux, autrement dit pour l'idiote à savon moussant. N'oublions pas que mon temps était compté, il me restait à peine quelques années pour séduire les dames de mes viles pensées, après quoi le lever de rideau sur mon crâne luisant me reléguerait au magasin de tapisseries. En somme, Marielle était une urgence.

Je n'eus d'ailleurs guère à me forcer pour la mettre en tête de liste, car, depuis quelque temps déjà, ses séances de massage capillaire étaient devenues pour moi une véritable obsession. À toute heure du jour et de la nuit j'en repassais les images en cinérama sur mon écran reptilien portatif, et ces projections particulières me faisaient oublier même Silvana Mangano. Mon Dieu ! quelle fille ! Mon Dieu quelles courbes ! Et dans quel diable d'enfer elle promettait de me faire rôtir l'épiderme ! Transporté d'excitation, je fonçais devant le miroir de la salle de bains pour contrôler ma crinière.

Car, j'avais fini par m'en aviser, il n'est point possible de se rendre chez le coiffeur quand on n'a rien à se faire couper. Aussi surveillais-je avec une attention névrotique l'état d'avancement de ma pousse, pestant quand mes mèches n'avaient gagné qu'un cheveu dans la nuit, crépitant de bonheur lorsque leur croissance approchait les deux centimètres, seuil de décence que je m'étais fixé avant de pouvoir retourner au paradis de M. Lionel.

— T'es devenu barjot ou quoi ?

— C'est à moi que tu parles ?

— Et à qui d'autre, tu penses ? Ça fait au moins la sixième fois depuis ce matin que tu t'examines les mèches avec un double décimètre. Tu fais un concours de pellicules, peut-être ?

— Sois pas bête. Je mesure juste la taille de mes poux.

— Très drôle. Tiens, tu me fais penser à Bourdieu, il passait son temps à…

— Fiche-moi la paix avec tes salades !!! Et sors de cette salle de bains, j'ai des trucs à contrôler !

Avant de connaître Émilie, je n'appréciais déjà pas beaucoup le champ sociologique – un fatras de lieux communs jargonneux fourgué par des mystificateurs bouffis de morgue et puant de vanité. Mais maintenant je le détestais presque autant que le sport à la télé. Et, si ça continuait, sa groupie numéro un allait prendre le même chemin.

Les mois suivants, ma vie se divisa en deux périodes d'inégale importance : les moments où Marielle me shampouinait la tête et les moments où Émilie me cassait les pieds. Afin de démultiplier les premiers, j'avais réduit à un centimètre la longueur de pousse requise entre deux coupes. Cela frisait le ridicule, j'en avais conscience. Mais c'était le seul moyen de me caler une fois par moi entre les mains de mon fantasme. Cinq minutes de nirvana toutes les quatre semaines, ce n'est pas un score olympique, il faut bien l'admettre, j'en connais qui remplissent deux fois plus vite leur grenier à bonheur sans même avoir à surveiller leur chevelure, mais pour un type comme moi c'était déjà une performance, je n'étais pas bâti pour les jours de fête, et, après tout, je n'avais pas le choix.

Bien entendu, M. Lionel, qui ne m'avait jamais croisé aussi souvent dans son salon – ni personne de sa clientèle masculine, d'ailleurs – se doutait de mon manège. Cependant, comme je représentais à moi seul une part considérable de son chiffre d'affaires, il se gardait de m'en faire la remarque et conservait à mon égard une sorte de neutralité bienveillante. Mes assiduités n'avaient pas non plus échappé à Marielle, il ne fallait pas la prendre pour une cruche même si elle n'avait pas inventé l'eau tiède. Afin de me le faire comprendre, cette ravageuse accentuait d'une fois sur l'autre la sensualité de ses massages, jusqu'à m'en faire perdre la boule. J'appris plus tard à ma grande honte que, lors des trois dernières séances, je m'étais mis à psalmodier sans m'en rendre compte une sorte de litanie pâteuse, qui tenait à la fois de la récitation talmudique et du feulement de grand fauve. Pour n'en point laisser perdre une miette à la clientèle, M. Lionel baissait alors discrètement la radio, et coupait le sifflet aux séchoirs.

En septembre, la minute de capilloséduction se passa si bien que l'affaire me parue définitivement réglée. Marielle avait été époustouflante, et j'avais moi-même réalisé un numéro d'attrape-mouche de première catégorie, récitant d'un trait les textes de Sheila et Ringo et évoquant les figures libres du patinage artistique avec d'authentiques accents de connaisseur – double axel et triple buse. J'étais dans le *mood* et elle dans la poche, ses éclats de rire à fracasser les miroirs ne me laissaient aucun doute sur ce point. Je décidai de passer à l'action le mois suivant en l'invitant au cinéma (le vrai), car point trop n'en faut à qui sait attendre, comme aurait dit mon adorée.

À cette époque reculée, je le confesse le rouge aux joues, je n'étais pas encore tombé dans la fange de la duplicité conjugale. Je défendais sans rire les vertus de la fidélité et il ne fallait pas me pousser beaucoup pour m'entendre déclamer que l'honnêteté est toujours récompensée. Aussi, le soir venu, informai-je la malheureuse Émilie de mon virage existentiel « en épingle à cheveux », comme elle le qualifia elle-même un peu plus tard avec amertume. J'avais des visées sur une autre, j'en prévenais ma régulière, c'était réglo, la morale était sauve et la tendresse aussi… Comment j'ai pu me laisser aller à un tel angélisme, je l'ignore encore aujourd'hui. Nous avons tous un mauvais génie perché sur notre épaule et des trous noirs lourds comme des valises à trimballer sans chariot sur le chemin de la vie. Peut-être avais-je, déjà, une revanche à prendre sur ma future calvitie ? Peut-être s'agissait-il de problèmes à régler avec ma mère, ou simplement d'une forme pernicieuse d'imbécillité ? En tout cas Émilie ne sembla guère émue par ma pureté originelle. Passé le moment de stupeur, elle fronça les sourcils, prit son élan comme un discobole, et me décrocha une gifle cataclysmique, qui m'arracha à demi le tympan gauche et me laissa les yeux inondés d'eau de pluie.

— Tu te fous de moi ?...

— ...

— Je passe six mois de ma vie avec un type pas drôle, très moyen au lit, et qui ne comprend rien à l'analyse sociologique, je me mets en quatre pour construire malgré tout un truc avec lui, et, au moment où la colle commence à prendre, il me quitte pour une poule à talons aiguilles ! J'espère au moins que tu vas la présenter à tes copains de préparation ENA, ta shampouineuse ! Parce que ce jour-là, je te jure, je tiens à être dans les parages, ça me fera au moins un bon souvenir !

Lorsque, deux heures et une balade en solitaire sur les quais plus tard, je revins à l'appartement, il était pratiquement réduit à l'état de ruine romaine. Émilie avait amputé sans anesthésie les bras et les pieds des fauteuils, taillé mes chemises en charpie et travaillé la moquette au dentifrice à rayures. La cuisine n'était plus qu'un amoncellement de miettes d'Arcopal assaisonnées d'ordures ménagères, et mes livres d'histoire flottaient dans la baignoire les couvertures déployées, comme des oiseaux morts.

4.

— De la vitamine B5, l'Antoinette, de la vitamine B5 en ampoule. Je peux t'en fournir par boîte de douze, si tu veux. C'est un peu cher, mais, crois-moi, l'effet est radical.

Il s'en repaissait, le salaud ! Je suis sûr que, derrière ses airs compatissants et ses moues désolées, il en avait le cœur bondissant ! Évidemment, d'un strict point de vue technico-commercial, la perspective de perdre un client fidèle n'avait rien de réjouissant. Les marchands de mandolines dansent-ils de joie lorsque l'un de leurs habitués a le malheur de devenir manchot ? Mais, primo, ce n'était pas pour demain, il y avait encore assez de touffes sur mon futur crâne d'œuf pour donner du travail à la caisse enregistreuse pendant plusieurs années, il suffisait d'y passer la main pour s'en assurer. Et, deuzio, je devais commencer à l'énerver depuis un moment avec mes papillotes de playboy et mes manigances de petit coq. Cela devait le faire bouillir, M. Lionel, de me voir emporter chaque jour un peu plus le morceau de sa belle Marielle, rien qu'en fredonnant du Joe Dassin. Sans doute avait-il connu, lui aussi, ses instants grisants de gloire amoureuse. Avec son visage taillé dans la pierre tendre et son regard d'écolier grandi trop vite, il avait dû en faire tourner, du sang de jouvencelle, et donner des fièvres paludiques à pas mal de provinciales en quête de chaleur humaine. Mais c'était il y a longtemps, longtemps, si longtemps déjà... Tiens, depuis quatre ans qu'elle lui tenait compagnie dans l'ennui mortel de son salon sale, combien de fois Marielle l'avait-elle regardé comme on regarde un homme ? Pas une seule ! Ce n'était pas faute de lui avoir ouvert la porte. Sourires par-ci, regards énigmatiques par-là... Oh ! M. Lionel n'avait pas ménagé sa peine. Un jour, il lui avait même proposé de la raccompagner chez elle après le travail, courtoisement du reste, comme on propose à une collaboratrice de la raccompagner chez elle après le travail, et elle avait décliné son invitation, courtoisement elle aussi, comme on décline une invitation un peu trop appuyée de son patron maladroit. Quelle tristesse ! Après son départ, ce soir-là, il était resté prostré pendant plus d'une heure derrière son comptoir, les yeux fixés sur la même mèche serpentine, qui dessinait sur le rebord du miroir une arabesque sans commencement ni fin. Il était fichu. Il avait passé l'heure de la fermeture. Il pourrait peut-être continuer de séduire, oui. Mais seulement par procuration, en frisottant les attrape-cœur des plus jeunes et les gominades des jolicœurs. Il les préparerait aux assauts du mieux qu'il pourrait et ils feraient le boulot à sa place, voilà tout. Il suffisait qu'il s'y résolve. Il suffisait qu'il l'accepte, et tout serait pour le mieux.

— Par boîte de douze, l'Antoinette ! Tu veux qu'on commence le traitement tout de suite ?

Il tenait sa revanche au collet, le père Lionel, et il n'allait pas la laisser filer comme ça, on pouvait lui faire confiance. Qui sait s'il retrouverait jamais une occasion pareille ! Lorsque, une demiheure plus tôt, je m'étais pointé dans sa boutique avec au cœur la certitude de la victoire, j'étais un aigle royal. Cela faisait des mois que, des hauteurs de ma salle de bains, je guettais ma proie mousseuse avec le regard perçant des hommes de ma race, des mois que je tournoyais en cercles concentriques de plus en plus serrés au-dessus de ses formes délectables, perdant peu à peu de l'altitude, frôlant ses épaules de mes ailes majestueuses, caressant ses langueurs de mes plumes altières, j'étais un aigle royal, messieurs, le seigneur de l'espace, l'oiseau des princes et le prince des oiseaux, et aujourd'hui c'était le jour J, j'allais fondre sur mon aimée, la saisir entre mes serres puissantes et douces, et lui offrir enfin mon ciel, mon azur et mon infini. Marielle…

Cela dura exactement une minute trente. Le temps pour ma proie délectable de me passer les cheveux sous la douchette, d'y appliquer une dose de shampooing et de ficher ses seins pneumatiques sous mon bec salivant.

— Je commence par le devant, aujourd'hui, vous voulez bien ?

— Mprrgll…

Je dis une minute trente, mais au fond ce fut peut-être un peu plus. Lorsque Marielle s'occupait de moi, les horloges déteignaient sur mon cœur, elles avaient tendance à s'arrêter de battre. L'affaire, en tout cas, ne s'éternisa pas, car, comme on me le fit savoir par la suite, je n'eus même pas le temps de lâcher mon feulement de bête. Au moment précis où il se formait dans ma gorge, ma promise cessa subitement de me cajoler l'occiput.

— Mais ??!!!

— Hmmm…

— Mais ?!!! Vous perdez vos cheveux, l'Antoinette !!!

— Hein ???

Je ne sais pas s'il vous est déjà arrivé de recevoir une décharge de chevrotine en plein ciel alors que vous planez sereinement dans la brise tiède vers un bonheur assuré tous risques, peut-être pas finalement, tout le monde n'a pas la chance d'être un aigle royal, mais je peux vous dire que ça secoue sévèrement l'abdomen. En un instant, mes ailes de géant se rétractèrent en deux moignons déplumés, mes yeux perçants se voilèrent de brumes sombres et mon bec tranchant se mua en une paire de lèvres desséchées par l'angoisse. Vingt secondes plus tard, je m'écrasai dans un bruit mat sur le carrelage glacé du salon de coiffure de M. Lionel, laissant une tache rouge se répandre au milieu des mèches brunes, sous le regard complaisant de la caméra.

— Vous… vous plaisantez, Marielle ?

— Pas du tout, l'Antoinette ! J'avais déjà remarqué qu'ils étaient fragiles. Certains jours, il m'arrivait même d'en embarquer pas mal au rinçage. Mais bon, vous êtes jeune, je me disais qu'il en repousserait autant le lendemain. Mais aujourd'hui, franchement, c'est terrible. Regardez, ils se décollent avec la mousse. Il y en a plein votre front et même sur vos sourcils, on dirait qu'ils se sauvent comme si je passais la tondeuse à gazon. Hi, hi, hi… La tondeuse à gazon…

Il fallait s'y attendre. À force de tâtonner dans la zone dangereuse, cette petite peste avait fini par dénicher ma faille. Et, maintenant, je la connaissais, elle allait y descendre avec une lampe spéléo pour en explorer les ombres noires jusque dans les recoins les plus reculés. J'étais pratiquement un homme mort.

— Mais c'est pas vrai ! Attendez un peu que je vérifie. Je vous shampooine pas avec la crème dépilatoire au moins ? Ben non, c'est bien le savon. Alors là ! Ça faisait longtemps que j'avais pas vu un truc pareil. V'nez voir ça, m'sieur Lionel, et dites-moi si vous trouvez que c'est normal.

Il ne mit pas quatre secondes pour lâcher ses ciseaux et se précipiter à mon chevet, et quatre autres pour établir un diagnostic scientifique, incontestable et définitif.

— Tu seras chauve, l'Antoinette. Quel âge as-tu maintenant ? Vingt et un, c'est ça. Bon, si tu ne prends pas les choses en main, t'auras la moitié de la boule à zéro à vingt-cinq piges, et l'autre à trente, c'est comme qui dirait mathématique. Si tu fais ce qu'il faut pour limiter la casse, tu pourras peut-être gagner trois ans sur le programme, cinq au maximum. Mais faudra pas espérer plus.

— Hi, hi, hi… Alors il aura la tête comme un pan-bagnat !

— Disons comme une golden, Marielle, c'est moins gras.

— C'est pas gras les pan-bagnat ! On voit bien qu'vous êtes du Nord, m'sieur Lionel, pour dire des trucs pareils.

Cloué sur mon fauteuil entre mes tourmenteurs à ciseaux, les yeux perdus, la tête ensavonnée, le corps noué comme un olivier, j'aurais constitué un excellent sujet pour un peintre maniériste du milieu du XVIe siècle. Je voyais d'ici la toile enlacée de dorures, projetant son allégorie tragique devant une pleine volière de touristes japonais rigolards, *Saint Calvite subissant le martyre*, Florence, 1565, don de M. Lionel et de Mlle Marielle. Les ignobles ! M'exposer comme ça devant tout le monde dans la grande galerie du Louvre !

« C'est toujours le chauve qui trouve le peigne dans la galette des rois. »

Professeur Choron

5.

Je ne remis jamais les pieds chez M. Lionel. Je lui en voulais pour le canardage à la chevrotine et aussi pour la grande galerie du Louvre, on ne traite pas la clientèle de cette façon, surtout quand elle vient chez vous depuis huit ans et qu'elle souffre du mal d'amour. Je n'invitai pas non plus Marielle au cinéma. J'avais pris un coup de massue sur le crâne, mais il me restait encore assez de jugeote pour savoir que ce genre de fille ne perd pas son temps avec un futur chauve. Elle me le fit d'ailleurs comprendre plus ou moins consciemment lors du dernier rinçage : elle le mena, je pense, à coup de baratte, à la façon de la mère Denis, et termina l'ouvrage en me frottant aux sangs avec une poigne de nageuse est allemande. Comme si cela ne suffisait pas à assassiner mes espoirs, je l'entendis murmurer pour elle-même sur un ton désolé : « Je ne pouvais pas deviner… » À lui seul, cet aveu atroce me promettait des lendemains existentiels aussi riants qu'une mine de sel.

Mes tentatives pour renouer avec Émilie – après tout, sa furie de démolition démontrait peut-être une réelle passion pour moi – se soldèrent, elles aussi, par un fiasco. Apparemment bien remise de notre rupture, cette demi-folle s'était acoquinée avec un prof de linguistique de l'université de Clermont-Ferrand, maigre comme un clou, mais pas exigeant sur les chaussures et (ceci expliquant peut-être cela) grand spécialiste de Saussure. Avec ou sans tranche napolitaine, ces deux-là devaient faire des étincelles le soir après le dîner, ils étaient tirés du même tonneau, et, dans le fond, cela me faisait plutôt plaisir.

D'ailleurs, M. Lionel avait raison, il était temps de passer à l'action. Je disposais déjà d'une piste. Je décidai de la suivre au pas de l'oie, il n'y avait pas une minute à perdre si je voulais terrasser la bête qui me tondait par le dessus et me rongeait par le dedans.

La première pharmacie venue me délivra sans ordonnance des ampoules de vitamine B5, à administrer une fois par semaine en injection intramusculaire. L'enfer continuait. Non seulement j'avais (et j'ai toujours) les piqûres en horreur, je l'avoue ici avec franchise, mais celles-ci, me précisa la pharmacienne avec un sourire sadique, devaient être réalisées « de préférence dans le postérieur ». C'était ajouter la honte à la douleur.

L'une de mes amies venant de terminer sa quatrième année de médecine, je songeais un moment à lui confier l'ouvrage, à fins de travaux pratiques et d'économies budgétaires. Mais la perspective de lui présenter mon fondement tous les dimanches matin à l'heure de la messe ne m'enchantait pas outre mesure. Et, comme elle était, en sus, aussi bavarde que l'horloge parlante, je n'avais guère envie non plus de lui ouvrir mes problèmes capillaires : ils apparaîtraient bien assez tôt sur la place publique.

Je décidai donc de confier mon sort à un vieil infirmier du quartier, dur d'oreille mais doux de ses mains, qui fit son boulot assez proprement d'ailleurs, ne me faisant hurler de douleur qu'une fois sur trois en moyenne. Sur ses conseils avisés, je complétai rapidement le traitement avec de la cystine, substance protéinique soufrée bien connue des futurs chauves, car elle possède, paraît-il, la caractéristique merveilleuse de faire repousser les crinières. À l'époque, la cystine était extraite de cheveux humains, eux-mêmes extraits de crânes d'Indiens si affamés qu'ils étaient contraints de vendre leurs mèches pour une poignée de riz. Des industriels à doigts boudinés et lèvres salivantes les passaient alors à la moulinette chimique (on parle des cheveux) pour en tirer la précieuse substance. Ils la revendaient à prix d'or à des Occidentaux pas affamés du tout, mais très déprimés cependant, afin qu'ils revigorent leurs propres crins et parviennent tant bien que mal à tenir debout dans ce monde cruel. Cette version moderne du commerce triangulaire n'avait beau concerner que des bribes d'organes humains desséchés, et non des esclaves entiers, sa découverte m'aurait sans doute dissuadé de commencer ce traitement. Fort heureusement pour moi, j'en ignorais alors l'existence. Le monde n'est finalement pas si mal fait.

(À l'attention des malheureux qui usent encore aujourd'hui de cette substance miracle, et qui seraient tentés de tout laisser tomber par idéal altermondialiste, je précise que les choses ont évolué depuis : la cystine est désormais fabriquée dans des usines spécialisées à partir de plumes de poulet. Les ratios de production ne sont d'ailleurs pas exceptionnels, puisque, en l'état actuel de la technologie, il faut laminer environ mille volatiles pour obtenir cinquante kilos de pennes, desquels on tirera tout au plus quelques dés à coudre de cystine. C'est cependant moins immoral que de plumer des Indiens, et aussi plus pratique, car on peut manger les poulets après les avoir tondus et non les Asiatiques.)

Je dois dire que cette cure donna des résultats au-delà de toute espérance. Dès les premières semaines, un fin duvet commença à apparaître sur une petite surface de peau vierge. Piqûre après piqûre, ces plants fragiles s'étendirent, se consolidèrent, montèrent en graine comme des haricots. Si bien qu'au bout de six mois j'avais les fesses entièrement recouvertes de poils frisottants. Mon infirmier avait beau m'assurer que ce dommage collatéral était réversible à l'arrêt du traitement, je sentais bien que quelque chose clochait dans ces ampoules miracles. D'autant que pas le plus petit vermisseau de cheveu neuf n'apparaissait sur mon crâne dépressif, la désertion des futaies présentes semblait au contraire s'y accélérer. Je dis « semblait, » car, en réalité, mes chers follicules ne s'égaillaient plus comme avant dans la nature : ils déménageaient, c'était cela le progrès, ils descendaient de leurs alpages pour aller se fixer plus bas dans la vallée, à un endroit où pratiquement personne ne pourrait les voir, et où, il fallait bien le reconnaître, ils n'avaient pas grand-chose à faire. « Encore heureux que je ne vous pique pas sur le bout du nez », commenta un soir de bonne humeur mon tortionnaire à seringue, avant d'éclater d'un rire gras. Il me fallut plusieurs mois pour cesser de le haïr.

Cette étrange transhumance capillaire finit par me faire tourner chèvre. J'avais l'impression que mes cheveux naviguaient en convoi dans mes veines en direction de mes fesses, comme ces trains de bois qu'on fait flotter vers l'océan sur les rivières du Canada. Arrivés à destination, ils étaient replantés séance tenante par une armée de jardiniers invisibles, agissant pendant mon sommeil afin que je ne sentisse pas leur bêche me labourer les pores. Il m'arrivait de rester éveillé pendant des heures sur mon traversin, guettant l'arrivée de ces lutins avec une patience de crocodile, l'œil à demi fermé pour donner le change. Je te me les aurais réduits en bouillie ! Ces salopards devaient être très malins, car jamais je ne parvins à apercevoir le bout de leur tablier, ni même à les entendre siffler en travaillant.

Je stoppais le traitement juste avant de sombrer dans la folie. Du jour au lendemain, je renvoyai mon infirmier à ses aiguilles, fichai au panier mes réserves de cystine et de vitamine B5, et décidai de m'attaquer sérieusement à la question centrale de mon existence. Car, désormais, mon infirmité pouvait se voir à l'œil nu. Deux petits golfes, d'environ un centimètre de profondeur, brisaient l'harmonie de ma ligne de front, et le sommet de mon crâne commençait à laisser passer le soleil, je l'avais constaté grâce à un savant jeu de miroirs et à un spot de deux cents watts habilement positionné. Il n'était plus question de musarder.

6.

Après avoir demandé conseil à mon médecin généraliste, qui ignorait tout de la séborrhée mais connaissait les bonnes adresses, je pris le métro en direction de la Nation et descendis à la station Colonel-Fabien. C'était un sombre matin de novembre et il ne fallait pas être grand clerc pour prévoir que ce ne serait pas un jour de joie. L'air était si chargé d'humidité qu'on avait envie de l'éponger avec une serpillière et de le vider dans le lavabo. Aidé par les services de la voirie, un vent glacial achevait de transformer les arbres en sculptures de Giacometti, et le moral s'en ressentait. À l'exception de deux ou trois communistes qui se hâtaient vers leur blockhaus l'esprit fleuri de bilans globalement positifs, les passants faisaient tous une sale tête, on serait cru à l'enterrement de Mireille Mathieu. Je n'étais moi-même qu'à demi vaillant, car l'épreuve de la journée s'annonçait disputée et il n'était pas dit que j'en sortirais vainqueur. D'un pas décidé, j'enfilai la rue de la Grange-aux-Belles, longeai un mur de pierre qui me sembla ne jamais finir et pénétrai sous un imposant porche du XVIIe siècle.

Pour les maladies du cheveu, l'hôpital Saint-Louis est ce qui se fait de mieux en France. On y trouve tout un tas d'appareils à mesurer les crinières, de pleines armoires de potions à faire fleurir le désert et un bataillon de spécialistes nettement plus pointus que M. Lionel. S'il existait un remède à mon malheur, il devait se trouver là, blotti depuis des mois au fond d'un placard à pharmacie, dans l'attente anxieuse de mon arrivée. Preuve que j'étais en pays de connaissance, je n'eus pas à demander mon chemin : après un bref coup d'œil à mon front, la dame de l'accueil m'informa d'elle-même que la consultation du cuir chevelu se tenait au premier. J'avalai d'un trait le grand escalier, pénétrai dans une vaste salle d'attente aux murs écaillés et m'installai sur une improbable chaise en plastique, dont le dossier bleu pétard aurait fait sursauter même Jean-Christophe Averty. Question déco, l'Assistance publique n'a jamais été connue pour ses audaces, mais il lui arrive de temps à autre de prendre des risques inouïs, c'est cela qui la rend sympathique.

Un coup d'œil à mes camarades de consultation me confirma que je ne m'étais pas trompé d'étage. Quelle pitié ! mes amis ! Rassemblé sur quelques mètres carrés, il y avait là un échantillon complet de ce que peut produire l'industrie du malheur capillaire, des tondus de l'arrière, des désherbés de l'avant, des œufs durs par plateaux entiers, et même une demi-coque, dont la pelade n'avait affecté que le côté gauche, mais qui semblait n'en pas souffrir à moitié. À ma grande surprise, plusieurs femmes se rongeaient les ongles en attendant leur tour. Certaines présentaient des plaques imberbes disséminées entre des mèches en pleine santé ; d'autres avaient le crâne uniformément dégarni. Assise un peu à l'écart, une jeune fille était couverte de cheveux blancs alors qu'elle sortait à peine de l'adolescence, on aurait dit une petite vieille remise à neuf par un chirurgien esthétique à mille dollars la minute. J'en avais mal aux racines pour elle.

Pourquoi la nature s'amusait-elle à distribuer ainsi des valets de pique à des êtres humains sans défense ? Il était déjà assez difficile de tenir le coup avec une belle chevelure – la veille encore, je ne galège pas, j'avais rencontré une blonde à boucles de déesse qui s'était mise aux antidépresseurs pour une obscure histoire d'amour –, alors pourquoi aggraver le mal en refilant des cartes truquées ? Plus j'observais ces pauvres gens et plus ils me paraissaient avoir été choisis au hasard.

Assis juste en face de moi, un homme d'une trentaine d'années arborait une incroyable coiffure, où alternaient, selon une règle mal définie, les surfaces lisses et crépues. Même chez Maniatis, les as du brushing n'auraient pu imaginer une mixture afro-européenne aussi déjantée. Cette horreur avait-elle été fabriquée par le bon Dieu en un exemplaire unique, ou faisait-elle partie des maladies répertoriées par la Faculté ? Après avoir travaillé au corps mon *Encyclopédia universalis*, j'appris le soir même qu'il s'agissait d'une affection génétique bien connue, dénommée syndrome du « nævus à cheveux laineux », ou, si l'on préfère, « pseudo-pili-torti », et que la chose était inguérissable en l'état actuel des connaissances. Près du radiateur, un père de famille jetait de temps à autre un regard à ce phénomène de foire. Il était entièrement glabre, et je me demandais s'il ne le jalousait pas, car lui n'avait même pas de sourcils.

À demi sonné, je tentai de prendre une contenance sur ma chaise pétard. Avec mes bouclettes rabbiniques à peine éprouvées et ma crinière encore brillante, je me faisais l'impression d'être un milliardaire au milieu d'un rassemblement de mendiants. À certains raclements de gorge, je sentais l'antipathie ambiante se densifier autour de moi, et je n'avais pas besoin de lever les yeux pour savoir qu'on me toisait comme un gamin en faute. Un hérisson à costard de gangster, qui se tenait debout dans un angle, me faisait particulièrement peur : il me semblait qu'il allait se jeter sur moi et arracher le reste de ma toison avec un rire sardonique. « Hé, hé, hé !... Maintenant, on sait pourquoi tu es là ! » Oups ! Je balançai aussitôt mes cheveux en arrière afin d'exposer mes golfes clairs à tous les regards, et me composai tant bien que mal un visage marqué par la désespérance. Cet artifice un peu puéril contribua à faire baisser la tension de quelques degrés, mais il ne supprima pas le malaise. De toute évidence, je n'étais pas (pas encore) l'un des leurs, et ils me le faisaient comprendre. On est toujours le paria de quelqu'un.

Dans un souci de conciliation, j'engageai la conversation avec mon voisin de droite, un homme d'une quarantaine d'années à l'œil farouche et aux traits déjà délabrés. Comment sa coiffe était-elle parvenue à ce stade de déréliction, il me brûlait de le savoir : ses cheveux n'avaient sans doute pas tâté du peigne depuis au moins deux décennies, et ils s'ébrouaient dans l'anarchie la plus absolue. Il y en avait des fiers, qui pointaient vers le ciel, et des timides, qui piquaient vers le sol, des durs à cuire, qui frimaient sur les tempes, et des tordus, racrapotés derrière les oreilles, on en croisait de titubants, égarés dans la bataille, et des Spontex, dressant des barricades en plein cœur de l'occiput, tout cela se nouait, se liait, s'enfourchait, se mêlait, se défiait, s'enroulait, s'ébouriffait, s'agglutinait, se combattait, s'entortillait en d'infinis tourbillons, sans aucun sens ni ligne directrice, et cette folle pagaille capillaire, cette absence totale d'ordonnancement conféraient à leur porteur un air terrifiant, à mi-chemin entre le cactus mexicain et le porc-épic. Elles auraient rendu jaloux un épouvantail.

— Et vous ne pouvez rien y faire ?

Il rabroua une gerbe de foin qui lui barrait les yeux, balança son magazine sur la table basse et me jeta un regard injecté de sang.

— Rien.

— Vous ne croyez pas qu'avec un démêloir…

— Rien !

— … vous savez, il en existe de très solides en véritable corne, avec des renforts de métal et des dents très larges. Je suis sûr qu'avec un peu de patience…

— Rien du tout, je vous dis !

Il avait presque crié. Après tout, si cet hurluberlu ne voulait pas se coiffer, c'était son affaire. Je n'avais pas beaucoup d'expérience de l'existence, j'allais à peine sur mes vingt-trois ans, mais s'il était une chose que j'avais comprise, c'est que chacun est libre de gâcher sa vie comme il l'entend. Certains épousent une virago, d'autres entament une psychanalyse, attrapent le choléra ou sont diplômés d'HEC, quelle importance au fond, du moment que l'échec est au bout ? Lui avait choisi une méthode un peu plus originale pour tomber de l'escabeau, voilà tout.

Je me plongeai dans un vieux *Modes et Travaux* avec la ferme volonté de passer à autre chose, mais je tins à peine jusqu'à la page « tricot ». Tout de même, me dis-je. Tout de même. Pour être à ce point allergique à la brosse à cheveux, ou ce type devait être complètement cinglé, ou il possédait une raison très secrète et très romanesque. Peut-être avait-il fait un vœu, comme ces tennismen à cerveau atrophié qui jurent de ne pas se raser tant qu'ils gagnent les tournois ? Peut-être la femme de sa vie le préférait-elle ainsi – il fallait alors qu'elle fût très décalée et lui fort amoureux, mais ce n'était pas impossible, on voit tellement de choses ignobles dans les couples modernes ? Peut-être était-il le gourou d'une secte de demi-fous, combattant toute forme d'esthétique bourgeoise et plaçant la liberté capillaire au rang de valeur suprême ? Mais, dans ce cas, que venait-il faire à la consultation du cuir chevelu de l'hôpital Saint-Louis ?

Il semblait s'être calmé. Il tourna la tête vers moi.

— Ce n'est pas une question de démêloir.

— Ah…

— Il s'agit de tout autre chose.

— De tout autre chose…

— Savez-vous ce que c'est qu'un cheveu, monsieur ?

— Ben… oui, bien sûr, enfin… à peu près…

— C'est bien ce que je pensais. Dans la vie, monsieur, on ne fait pas grand-chose avec des « à peu près ». Croyez-vous que la tour Eiffel serait toujours debout si elle avait été boulonnée « à peu près » ? Pensez-vous que les avions décolleraient si on calculait « à peu près » la longueur de leurs ailes et la forme de leur queue ? Ils s'écraseraient tous en bout de piste !

— Pour ça…

— L'« à peu près », monsieur, c'est le début de la désinvolture. Et la désinvolture, c'est le commencement du n'importe quoi, la porte d'entrée du grand maelström. Eh bien, voyez-vous, monsieur, mes cheveux à moi, ce sont des cheveux « à peu près ».

— Vous voulez dire qu'ils sont faux ?

— Quelle bêtise ! Croyez-vous que si je portais une moumoute, je l'aurais choisie aussi ravagée ?

Il se mit à rire pour lui-même. Mais cela ne détendit guère l'atmosphère.

— Rassurez-vous, monsieur, mes cheveux sont de vrais cheveux humains, fabriqués avec de l'ADN naturel par d'authentiques cellules germinales. Seulement il faut croire qu'elles ont bâclé le travail, car elles les ont conçus triangulaires.

Je jetais un coup d'œil à sa tignasse.

— Ils m'ont plutôt l'air allongés.

— De l'extérieur, oui. Mais si vous les regardiez au microscope, vous constateriez que leur section n'est pas cylindrique, comme chez 99,9999 % des bipèdes, mais en forme de triangle.

— Quelle différence, puisque cela ne se voit pas ?

— La différence, c'est qu'ils sont incoiffables.

— Hein ??? Vous voulez dire que…

— Je veux dire, monsieur – il s'échauffait de plus en plus et la tension gagnait la salle comme du poison dans un coton –, je veux dire que, même si vous les peignez pendant des heures, même si vous passez la nuit à les démêler, à les brosser, à les noyer sous la laque, ils resteront toujours indépendants les uns des autres, comme des petits pois dans une boîte. Ça vous étonne ? Eh bien, apprenez, monsieur, que si les cheveux tiennent ensemble, s'ils peuvent former des jolies mèches comme celles que vous avez sur les tempes, ce n'est pas grâce à l'électricité statique, comme le croient les imbéciles, ni par la volonté du Saint-Esprit. C'est parce qu'ils possèdent des écailles, monsieur, des écailles microscopiques, qui s'emboîtent comme un jeu de Lego.

— Je comprends. Et les vôtres n'ont pas d'écailles.

— Vous ne comprenez rien !

Il ne parlait plus : il hurlait comme si on lui avait tailladé les chairs à vif. Avec ses yeux furibards, ses gestes saccadés et les seaux de sueur qui dégoulinaient sur son front, il ressemblait à un personnage de Dostoïevski, je n'aurais pas été surpris s'il s'était mis à éructer en russe.

— Vous ne comprenez rien ! Bien sûr que si, ils ont des écailles ! Seulement comme ils sont triangulaires, elles ne peuvent pas s'accrocher les unes aux autres. Autant dire qu'elles ne servent à rien ! Le seul moyen de donner à ma coiffure une forme cohérente, ce serait d'employer de la colle forte. Vous comprenez ça, monsieur l'« à peu près » !

Il y a des moments dans la vie où l'on est heureux de porter des chaussures. Dans un réflexe de survie, je me mis à contempler les miennes et ne les lâchais pas pendant un bon quart d'heure. Lorsque la porte s'ouvrit et que l'on appela enfin mon nom, j'en étais toujours à me demander si, à tout prendre, être chauve n'était pas une bénédiction[1].

---

1. J'ai appris plus tard que cette histoire d'écailles était complètement fausse : c'est leur seule structure en triangle qui rend les cheveux incoiffables.

« Les cheveux naissent de grosses et chaudes fumées qui viennent de chaudes et excellentes humeurs, sortent par des petits trous dans la tête et sont séchés par l'air du dehors. »

Encyclopédie de Barthélemy
l'Anglais, XIIIe siècle

7.

Le médecin qui m'accueillit portait une blouse blanche, des lunettes cerclées d'acier, et ses cheveux n'avaient point de problème de triangle, pour la bonne raison qu'il ne lui en restait plus un seul entre la nuque et les sourcils. « Ce sont toujours les cordonniers… » souris-je intérieurement en m'asseyant en face à lui. Cet homme allait me sauver de la falaise. Il ne s'agissait pas de le vexer avec des réflexions idiotes.

— Bien. Ne me parlez pas des cordonniers, s'il vous plaît, mais racontez-moi plutôt quand et comment vous avez commencé à perdre vos cheveux.

Je m'exécutai, perplexe. Un type qui possédait de telles capacités divinatoires devait être capable de me guérir en un tournemain, c'était la bonne nouvelle. D'un autre côté, s'il connaissait la solution, pourquoi ne se l'appliquait-il pas à lui-même ? Après m'avoir écouté quelques instants, il fit le tour de son bureau et vint se poster à côté de moi. Il passa sa main sur ma tête, inspecta mes golfes, tira sur une mèche, observa longuement mes tempes, puis revint s'asseoir dans son fauteuil avec un air énigmatique. Je me demandai où étaient les appareils de mesure, les lentilles de macrovision, les densitomètres, les cylindres de contrôle et tout le tintouin, et combien de temps prendraient les examens indispensables. Par simple curiosité d'ailleurs, car j'étais prêt à y consacrer toute la matinée, la semaine entière s'il le fallait.

— Bien.

Il nota trois ou quatre phrases dans mon dossier, déplaça de quelques centimètres un horrible cendrier en forme de pélican et planta ses yeux dans les miens.

— Je n'ai pas pour habitude de raconter des histoires à mes patients, surtout lorsqu'ils sont jeunes et que leur mal est bénin.

— Tant mieux !

— La calvitie, ça ne vous fait pas peur, n'est-ce pas ?

— Euh… pas vraiment… enfin un peu quand même… pourquoi ?

— Je veux dire, ça ne vous angoisse pas plus que ça ?

Bien sûr que non, quelle question ! Je m'étais levé à six heures et demie du matin, j'avais avalé vingt et une stations de métro dont deux de correspondance, marché au pas de course jusqu'à son hôpital, failli me faire casser la figure dans une salle d'attente infernale, et maintenant je m'apprêtais à rater une semaine de cours à Sciences-Po pour me faire examiner le crâne, mais la calvitie ne m'angoissait pas, pas du tout, je faisais ça juste pour le plaisir, histoire de perdre un peu mon temps et de faire la nique à la médecine moderne.

— Ben… euh… c'est-à-dire…

— C'est bien ce que j'avais compris. Voyez-vous, jeune homme, en vingt ans de pratique, j'ai appris à reconnaître mes patients presque au premier coup d'œil. Il y en a qui débarquent ici complètement liquéfiés, ils ont passé des mois à surveiller la chute de leurs cheveux dans le miroir, ils ont consulté leur coiffeur, ils se sont fait faire des piqûres de perlimpinpin dans les fesses, ils ont parlé à leur médecin, ils ne pensent plus qu'à cela, quand ils arrivent en face de moi, ils sont ravagés par l'inquiétude, ils parviennent à peine à formuler une phrase, certains se mettent même à pleurer avant que je leur annonce le diagnostic. Tiens, l'autre jour, il y en avait un assis à votre place, à peine plus âgé que vous, qui parlait de se suicider. Pfff… Vaut mieux entendre ça que d'être sourd.

Il remit lentement le capuchon sur son stylo-plume et referma mon dossier d'un geste sec.

— J'ai vu tout de suite que vous n'étiez pas de cette race. Vous me paraissez, comment dire, plus équilibré que la moyenne. Je ne dis pas dur à cuire, notez, personne n'est complètement insensible à l'évolution de son apparence physique, je dis équilibré, capable de prendre les choses pour ce qu'elles valent. En l'occurrence, pour pas grand-chose : à ma connaissance, perdre ses cheveux n'a jamais tué personne.

À chacun de ses mots, la boule qui me tenaillait le ventre grossissait à la vitesse d'une citrouille au galop, et l'inquiétude m'enfonçait dans mon siège comme une enclume. Si ça continuait, j'allais traverser le plancher et me retrouver direct au rez-de-chaussée.

— Donc, jeune homme, si vous ne le saviez déjà, je vous informe que vous êtes atteint d'une alopécie andro-génétique tout ce qu'il y a de banale. Alopécie, ça veut dire que vos cheveux tombent, vous aviez déjà compris, j'imagine. Andro, ça signifie que c'est une maladie d'homme, provoquée par une hormone masculine appelée dihydrotestostérone – disons, pour faire simple, que vous en avez trop. Et génétique, cela indique que tout cela vient de vos gènes, autrement dit de vos parents. Tenez, voici une petite brochure qui vous permettra de bien comprendre le mécanisme de cette affection, si cela vous intéresse. Vous la lirez plus tard, tranquillement.

— Mais que va-t-il arriver à mes cheveux ?

— Oh ! Eh bien, ils vont continuer de tomber progressivement, à peu près au rythme actuel. Je pense que, d'ici à une dizaine d'années, il ne vous en restera plus qu'une étroite bande au-dessus de la nuque. On appelle cela la couronne hippocratique. Vous pourrez décider de la conserver, ou, si vous préférez, de la raser. Personnellement, je ne trouve pas ça très esthétique, mais on n'est pas obligé de partager mon opinion.

— Et il n'existe pas de remède ?

— Absolument aucun. Je veux dire aucun qui soit efficace. Dans vingt ans, en l'an 2000, on en aura peut-être découvert un, mais pour le moment, bernique ! Bien sûr, si vous avez du temps à perdre, vous pourrez toujours vous badigeonner le crâne avec des lotions miracles, on en trouve plein les pharmacies et les salons de coiffure. Vous pourrez aussi tenter les piqûres dans les fesses, vous trouverez des tas de publicités pour cela dans les magazines. Mais je préfère vous prévenir, cela ne servira à rien. Sauf, bien sûr, à tondre votre porte-monnaie !

Il devait répéter cette blague idiote sept ou huit fois par jour, car elle ne déclencha pas même l'esquisse d'un sourire sur son visage serein.

— Mais… et les greffes ?

— Les greffes ? Oubliez ça, vous voulez ! D'abord, elles ne sont pas encore au point, les rares expériences tentées ont donné des résultats catastrophiques. Et puis, de toute façon, dans les indications de calvitie très sévère comme la vôtre, elles sont impossibles à réaliser : pour greffer des cheveux sur le devant, il faut pouvoir en prendre à l'arrière ! Je suis désolé de vous dire tout cela, mais, au jour d'aujourd'hui, il n'existe qu'un seul remède efficace à l'alopécie androgénétique : la moumoute.

— La mmm… la mmmou…

— La moumoute, oui. Ou si vous préférez, le postiche. On en fait de très remarquables, d'ailleurs, à s'y méprendre. Mais, à mon avis, vous n'aurez pas besoin de ça. Je suis sûr que vous supporterez très bien ce, comment dire, ce petit manque, et que votre existence n'aura nullement à en souffrir. Vous savez, on peut vivre parfaitement heureux avec une calvitie totale, j'en suis la preuve vivante !

Il se leva pour me raccompagner. Je rassemblai mes morceaux et tâchai de le suivre vers la porte en titubant comme un pochard. Une telle distance me paraissant infranchissable d'une seule traite, je m'arrêtai quelques secondes devant la gigantesque étagère qui couvrait tout le pan de mur droit du cabinet. Elle était remplie de petits papiers crénelés qui, pour autant que mon regard pût encore distinguer quoi que ce soit, me paraissaient être des timbres-poste. Il y en avait des centaines, délicatement exposés en position verticale derrière des bouts d'allumettes, on avait dû mettre des heures et des heures pour les faire tenir ainsi au garde-à-vous, comme des photos de famille.

— Vous aimez ? C'est un « premier jour » de 1952 ! L'inauguration du barrage de Donzère-Mondragon ! J'en ai rêvé pendant des années avant de finir par le dénicher chez un négociant lyonnais. Un vrai filou, par parenthèse, il me l'a cédé à prix d'or.

Ses yeux se perdirent un instant dans le vague, puis revinrent se poser amoureusement sur son barrage de papier.

— Mais, pour les timbres, je ne compte pas ! Enfin, je veux dire, pas l'argent ! Tenez, hier, j'en avais exactement 19 641 dans ma collection, en provenance de 119 pays différents, dont 1 427 « premiers jours » authentifiés et 394 du XIXe siècle. Mais ces chiffres ne vont pas tarder à changer, car, entre nous, j'ai bien l'intention de faire une petite virée avenue Matignon juste après ma consultation pour en rafler quelques autres. Vous savez, quand on vit seul, il faut bien s'occuper…

Prîmes-nous un taxi, ma boule au ventre et moi, pour rentrer chez nous ? Descendîmes-nous dans le métro et nous appuyâmes-nous les vingt et une stations, sans même une sainte Véronique pour nous éponger le front ? Nous traînâmes-nous à plat ventre comme des vers de terre jusqu'à notre appartement ? Pour dire la vérité, je ne m'en souviens pas. Tout ce que je sais, c'est que, une fois arrivé là-bas, nous nous installâmes chacun dans un fauteuil, à nous regarder sans rien dire. Et que, le lendemain soir, nous y étions encore.

8.

Ce qu'il y a de sympathique avec le bonheur, c'est qu'il se nourrit de trois fois rien. Croire qu'il ne se déplace pas à moins d'une Penelope Cruz dans son lit, d'une six cylindres dans le garage et de trois enfants rieurs autour du cou est une erreur de débutant. En réalité, pour peu qu'on sache le prendre, ce gars-là est capable de vous faire la fête pour quelques épluchures de pommes de terre, un peu comme les cochons élevés à la ferme. Il suffit de les lui présenter dans une jolie assiette avec de la bonne sauce MacDo et d'y croire très fort. Je me souviens d'avoir croisé un jour au détour d'un programme télé une jeune fille atteinte d'une épouvantable maladie neurologique dégénérative. Affalée dans son fauteuil de souffrance, la malheureuse n'était plus capable de proférer un son ni de remuer le moindre muscle, à l'exception de quelques doigts de la main, dont elle usait pour communiquer avec le monde extérieur. Emmurée dans son silence, immobile comme un vase chinois, elle représentait une assez bonne image de l'enfer et j'en avais les larmes aux yeux rien qu'à la regarder. À la fin de l'émission, elle avait cependant tapé ces mots sur sa machine à écrire : « Ne vous en faites pas pour moi, je suis heureuse comme ça ! Alleluia ! », et j'avais gâché une nuit entière à essayer de la comprendre. Même pas des épluchures de pommes de terre : des rognures de rutabagas pourrissantes, et le voilà qui pointait son nez en tortillant de la queue. Le bonheur n'était vraiment pas difficile.

Tout le problème était de s'en convaincre.

Lorsque je revins à moi, j'avais vieilli de vingt ans, car j'en étais là de mes réflexions. Dans un certain sens c'était une bonne nouvelle, j'avançais à grands-pas sur le chemin de la sagesse. Dans un autre sens, c'était une catastrophe. À vingt-trois ans, quand l'appel de la vie vous casse les tympans et que les feux du désir vous cuisent les entrailles, pactiser d'emblée avec le *raisonnable* a quelque chose de terrifiant. C'est coucher son roi avant d'être mis en échec.

Mais la partie était si mal engagée ! Tétanisé par l'homme aux timbres, j'avais passé deux jours entiers à me figurer ce qu'allait être mon existence, moulinant patiemment les hypothèses, faisant aller toutes les variables, et, quel que fût le chemin emprunté, mes pas me conduisaient toujours vers la même impasse sordide, encombrée de poubelles et sillonnée de rats. Cette fois, c'en était bien fini de ma joie. J'allais affronter un monde de sourires en coin, de regards gênés, de refus polis. J'allais être rejeté sur le bas-côté, tenu à l'écart des après-midi galants et des canotages amoureux sur le lac du bois de Boulogne. Les vrais amis m'aspergeraient de sollicitude pour compenser mon handicap (les vrais amis ont toujours de la sollicitude en réserve). Les autres s'en ficheraient comme d'une pomme.

Le pire était que pas la moindre sortie de secours ne se profilait à l'horizon, la Faculté avait été claire sur ce point : quoi que je fisse en leur faveur, jamais plus mes cheveux ne repousseraient. En somme, la solution était d'abandonner tout espoir dès les premières lignes, comme dans la poésie de Dante. Et de dénicher au plus vite un tas d'épluchures de rutabagas, en remplacement de mes impossibles amours.

À l'attention des chevelus qui estiment que j'exagère un peu, que la vie n'est point assez fragile pour être gâtée par une simple affaire pileuse, et qu'à leur connaissance Bruce Willis plaît fort à ces dames en dépit de ses vides temporaux, je répondrai que la vie est bien assez fragile pour être gâtée même par un cil retourné (le malheur aussi se nourrit de trois fois rien), qu'à cette lointaine époque Bruce Willis était à peine né et que la mode était alors aux cheveux longs, vous n'aviez pas pensé à ça, n'est-ce pas ? aux cheveux longs, les gars, et même aux cheveux très longs. Les Beatles et les Rollings Stones étaient passés par là, ce faux frère d'Antoine avait confirmé l'essai, et les Genesis, Eagles, Supertramp et autres Serge Lama, qui constituaient nos modèles culturels indépassables (on ne parle pas de Serge Lama), hantaient les scènes psychédéliques avec des tignasses à balayer par terre. Sans crinière, on n'était rien : un fils à papa dans les clous, un cancrelat giscardien à l'heure à la maison, un petit soldat de la société libérale avancée, avec la croissance des profits pour idéologie et une cravate club en guise de kalachnikov. Avec crinière, on était tout : jeune, décontracté, rebelle et, surtout, libéré. Preuve que l'inflation capillaire était de saison, les footballeurs de l'équipe de France, emmenés par Dominique Rocheteau, défendaient eux-mêmes nos couleurs avec des toisons de chanteurs rock – au regard de leurs performances, c'était probablement leur seul talent – et personne n'imaginait qu'il pût un jour en être autrement. Se serait-il présenté un Barthez pour garder nos buts ou un Zidane pour tenir le milieu de terrain que l'entraîneur les eût chassés de la pelouse à coups de crampon dans les fesses : c'était assez que notre équipe perde tous ses matchs, elle n'allait pas en plus embaucher un pelé !

Ainsi, même dans l'univers aseptisé de Sciences-Po, et à moins d'émarger à l'un de ces groupuscules d'extrême droite qui pourrissait l'ambiance locale, personne n'osait sortir la tête du sac sans ses dix centimètres réglementaires entre fourche et racine. C'eût été une provocation de s'aventurer plus court. N'étant ni ringard, ni rentre-à-l'heure, je me voyais donc contraint de perdre mes cheveux tout en les conservant longs. Même au plus fort de mes excitations pour Marielle, je ne m'étais pas autorisé à les faire raccourcir au-dessus des épaules, cette distance constituant en quelque sorte un seuil de survie. Cela ne me facilitait pas le travail, car mes follicules tombés ne pouvaient ainsi jamais passer inaperçus, en particulier lorsqu'ils échouaient dans ma soupe ou sur le revers de ma veste afghane.

Cette histoire de rognures de rutabagas m'occupa plusieurs mois. Au premier regard, l'affreux docteur chauve m'avait pourtant plongé dans une sorte de dégoût et j'avais dû me retenir pour ne pas aller sauter directement du pont de l'Alma. Compenser sa misère affective en entassant des « premiers jours » sur Donzère-Mondragon ! Il y avait là quelque chose de tragique. Et puis, au fil des heures, j'avais fini par trouver cela touchant. Après tout, question déviance sexuelle, la philatélie valait bien la gérontophilie – elle surclassait peut-être même certaines formes de zoophilie régressives sur l'échelle du plaisir décalé –, et elle pouvait tout aussi bien se mesurer sans honte à l'amour des femmes, car les timbres, eux, sont fidèles, ils ne vous annoncent pas au petit matin, lorsque vous leur apportez le thé au lit, que, désolé, ils ne vous aiment plus, et qu'il va vous falloir lever le camp avant midi. De plus, la timbromanie exige une patience infinie et une concentration d'horloger, conditions essentielles au succès de tout traitement dérivatif. En somme, ce crâne d'œuf de l'hôpital Saint-Louis n'avait peut-être pas si mal choisi sa voie, et il ne devait mentir qu'à moitié lorsqu'il clamait à tous les vents qu'il était heureux. Alors pourquoi pas moi ?

« Tu rassembles de part et d'autre tes cheveux clairsemés et tu couvres, Marinus, la large étendue de ton crâne brillant avec les boucles de tes tempes ; mais, agités par le vent, ils viennent sur son ordre reprendre leur place et encadrent ton chef dénudé d'énormes volutes qui frisent des deux côtés. […] Veux-tu bien avec plus de franchise avouer ton âge pour paraître enfin n'être qu'un ? Il n'est rien de plus laid au monde qu'un chauve qui a des cheveux. »

Martial, *Épigrammes*, X, 83

9.

Dès le lendemain, je me précipitai dans le premier magasin de musique, farfouillai un long moment dans les bacs à partitions et me choisis un *Le Jazz débutant en vingt leçons* qui me parut tout à fait adapté à ma calvitie. Un truc de ce calibre, qui avait aidé les esclaves à supporter leurs chaînes, n'aurait sans doute aucun mal à régler son compte à mon petit malheur. Peut-être même m'ouvrirait-il des portes au passage, car les filles adorent qu'on leur joue Bill Evans avec des airs inspirés, un bout de cigarillo coincé entre les lèvres. Et puis je ne partais pas de zéro. J'avais massacré pendant dix ans les *intermezzi* de Brahms et les impromptus de Schubert, cela pouvait me fournir une excellente base, il était temps d'amortir l'investissement. Il me fallut cependant plusieurs heures de bataille dans d'impossibles tonalités pour me rendre compte que j'avais acheté une partition pour trompette. Mon affaire s'engageait mal.

Et elle continua pis, car en dépit de mes efforts pour l'y faire entrer, le swing refusait obstinément de se glisser sous ma peau. Quoi que je fasse, il restait à l'extérieur, les bras croisés, et je le soupçonnais d'écouter mes interprétations de « Lullaby of Birdland » en levant les yeux au ciel. Il est vrai qu'au bout de trois mois elles oscillaient toujours entre la valse musette et la fanfare municipale.

Je m'apprêtai à sombrer dans la déprime lorsque je rendis visite à l'un de mes amis, dont le père était un spécialiste mondialement reconnu des coléoptères. Son appartement était envahi par des milliers de scarabées, épinglés en rang d'oignons dans des boîtes en verre et étiquetés à l'encre de Chine avec une calligraphie d'écolier. Il les avait chassés au filet à papillon et au péril de sa vie (on me fit le récit effrayant d'une attaque de serpent python déjouée de justesse dans une île indonésienne) dans toutes les forêts de la planète, avec un chapeau de paille sur la tête et une folle excitation au cœur. J'appris qu'il existait plusieurs milliers d'espèces de ces bestioles, sans compter celles que l'on n'avait pas encore découvertes, que la plus petite était à peine grosse comme un moustique et la plus puissante pratiquement de la taille d'un cochon d'Inde. Ce « dynaste » était impressionnant. Avec sa mâchoire d'acier, son blindage antitorpilles et ses pinces à épouvanter un homard, il ressemblait à une sorte de machine de guerre dressée pour la destruction, et je ne voulais même pas imaginer la terreur du voisinage lorsqu'il plantait ses pattes noires dans une fourmilière – comme si un tripode de *La Guerre des mondes* débarquait soudain en ville avec l'intention de tout liquider. Lorsque, après des heures et des heures de marche dans les forêts de la Dominique, mon chasseur avait fini par en découvrir un, séchant son bric-à-brac militaire près d'un boa constrictor, et qu'il l'avait saisi gigotant entre ses doigts délicats, il avait dû ressentir une jouissance orgasmique comme on en connaît trois ou quatre fois dans une vie.

Sans hésiter, je me proposais pour devenir son assistant. Il accepta de bonne grâce. Il avait justement besoin d'un compagnon pour lui tenir ses flacons de créosote.

Trois jours plus tard, mon deux-pièces était constellé de planches comparatives recopiées avec du papier calque, plusieurs spécimens chloroformés encombraient mon bureau à fins expérimentales, et je m'endormais en rêvant de mandibules. Le truc marchait au poil, car j'avais presque complètement oublié mes petites affaires de cheveux. Le point négatif était que mes amis allaient me prendre pour un fou. En particulier mon vieux copain Léon, avec qui je courais les filles et les bibliothèques depuis trois ans déjà, et qui avait fait vœu de se consacrer à la science politique. En plus de séduire toutes les blondes (Léon trouvait les rousses « hors de propos » et les brunes « désénergisantes »), son rêve était de fonder avec moi un grand institut de sondages, qui nous aurait permis de passer à la télé les soirs d'élections et de serrer tous les jours la main de Raymond Barre, de Georges Marchais et peut-être même de François Mitterrand.

— Et tu dis que ça t'a pris comme ça, du jour au lendemain ?

— Écoute Léon…

— Allez, me raconte pas de salades ! Je suis sûr qu'il y a une femme derrière tout ça !

— Non, j'te jure, tu y es pas.

— Teuh, teuh, teuh… Pas de ça avec moi ! Elle s'appelle comment ?

Une fois lancé, Léon était du genre à ne jamais lâcher le morceau, une tête de mule au pays des têtes de bois. Mieux valait lui céder tout de suite.

— OK, j'avoue. Elle s'appelle Caroline, elle est grande, blonde et…

— … et les bestioles à carapace lui rappellent son père, c'est ça ?

— Tout ce que je peux te dire, c'est qu'elle n'arrive pas à jouir si elle n'est pas entourée d'insectes. Ce qui la fait décoller, tu vois, c'est le chatouillis des coléoptères sur son épiderme.

Il n'aurait pas été plus stupéfait s'il m'avait vu sortir du Frigidaire habillé en yaourt.

— Tu… tu fais l'amour avec des co… des coléo…

— Avec des cafards aussi, quand on a la chance d'en trouver. Je devrais pas te le dire, mais la première chose que fait Caroline en arrivant à la maison, c'est de se précipiter sous l'évier pour essayer d'en attraper un. T'imagines pas l'excitation que ça lui procure de les laisser courir autour de son nombril et de les glisser dans son soutien-gorge. Mais c'est pas toujours facile de les avoir, tu sais. Ça court vite ces saletés.

Il était blême. Pendant une seconde, je crus qu'il allait défaillir.

— Hé ! Arrête ! Tu vois pas que je te raconte n'importe quoi ?

Le sang reflua peu à peu sur son visage.

— Tu veux dire que Caroline…

— Il n'y a pas de Caroline ! J'ai simplement décidé de me mettre à l'étude des coléoptères.

Les chevelus n'en ont pas conscience, mais la bataille contre la chauvitude précoce impose à ses fantassins des épreuves redoutables. Nous devons tout à la fois éviter les charlatans, inventer des stratagèmes, tricher sur notre apparence, ruser avec la déprime et repousser les assauts du vent, autant dire que la lutte est inégale et notre progression semée d'embûches. Mais c'est cela ou capituler en rase campagne. Ce jour-là, debout dans mon salon face à un vieil ami, je m'apprêtais à affronter le ridicule à poings nus, ce n'était pas une escarmouche terrible, mais j'étais pratiquement sûr d'y laisser des plumes, car, soit dit sans mauvais jeu de mot, mes histoires de scarabées n'étaient pas piquées des hannetons. Et il faudrait se lever tôt pour que Léon les avale.

Il se fraya un chemin jusqu'au bureau, y cueillit délicatement un splendide spécimen à pinces d'or et l'examina dans la lumière, l'air rêveur.

— Ouais. Disons plutôt que tu t'es mis en ménage avec les insectes.

— Ça vaut autant qu'avec les timbres, non ?

— Pardon ?

— Non rien, je me comprends.

Il devait commencer à perdre pied au milieu de tous ces mystères, et je savais qu'il détestait ça. Léon aimait les choses carrées, il était un peu comme Le Corbusier. Il reposa le scarabée dans un cendrier et tourna vers moi des yeux préoccupés.

— Moi, en revanche, je t'avoue que je comprends de moins en moins. Je te quitte le dimanche, t'es normal, tranquille, tu boulonnes la bio d'Édouard Herriot, tout va bien. J'te retrouve le vendredi entouré de bêtes à cornes, occupé à dessiner des mandibules comme si ta vie en dépendait et inventant d'ignobles histoires de cafards. Qu'est-ce qu'a pas tourné rond entre les deux, mon vieux ?

Il arrive toujours un moment dans l'existence où il faut se jeter à l'eau, et c'est ce jour-là qu'on découvre qu'on a oublié son maillot de bain. À la vérité, cela faisait des mois que j'hésitais à m'épancher sur mon mal. Bien qu'à ma connaissance non sexuellement transmissible la calvitie précoce est vécue par la plupart de ses victimes comme une maladie honteuse, et je n'échappais pas à la règle, j'avais autant envie de m'étendre sur elle que de publier les bans de mes hémorroïdes. Mais mon enfermement volontaire finissait par me peser. Depuis le temps que j'y ruminais tout seul mes obsessions, cela devait commencer à sentir le rance dans mon cerveau, et après tout Léon était un ami. Or, à part à nous faire beaucoup de mal, voulez-vous me dire à quoi servent les amis ? À écouter nos malheurs en se limant les ongles, non ? Léon n'avait pas de lime à ongles sous la main, c'est vrai, mais il était situé dans mon périmètre immédiat, il paraissait intéressé par mon cas et disponible pour quelques minutes. C'était une occasion en or. Je pris ma respiration et me lançai dans les eaux glaciales de la confession intime.

— Bon. Euh… Voilà… C'est une chose dont je voulais te parler depuis longtemps… Comment te dire… ? En fait, tu sais, ces trucs-là viennent progressivement. Tu commences par découvrir un indice, puis un autre et un autre encore. Ça prend forme petit à petit, tu vois, c'est comme un trou qui se creuse, comme un vide qui grandit. Mais jusqu'en novembre dernier, je te jure, je croyais qu'il existait un remède.

— Tu veux dire un insecticide ?

— Arrête, Léon, c'est sérieux. Tu ne t'en es pas rendu compte, mais ça fait bientôt deux ans que ce truc-là me troue l'estomac. Jamais j'aurais cru que ça puisse ronger à ce point un type comme moi. Tiens, à la fête de Laurette la semaine dernière, tu m'as croisé ?

— Tu n'y étais pas !

— Exact. Et chez Églantine, l'autre jour, paraît qu'il y avait des nanas au kilomètre ? Tu m'as aperçu dans le secteur ?

— Écoute, c'est tout de même pas ma faute si t'as décidé de plus sortir depuis deux mois.

— Bientôt trois ! Et tu t'es pas demandé pourquoi ?

— Tu faisais du jazz, non ? T'étais collé à ton piano comme de la glu, fallait quasiment être suicidaire pour te déranger. Entre nous, et puisqu'on en est aux confidences, t'as pas tellement le sens du rythme, à ta place j'arrêterai.

— J'AI ARRÊTÉ, Léon ! Pour le cas où t'aurais pas remarqué, j'suis passé aux coléoptères.

Il se planta devant la fenêtre, regarda distraitement les autos qui avalaient la rue Marx-Dormoy en vrombissant de plaisir et tourna vers moi un visage lassé.

— Si c'est ça que t'essayes de me dire depuis cinq minutes, te donne pas d'mal, j'avais compris.

— Ce que j'essaye de te dire, Léon, c'est que je perds mes cheveux.

— Hein ???

— Oh ! je sais, vu de l'extérieur, ça n'a l'air de rien. Il y a tellement de trucs plus graves, hein, les gosses battus, les femmes violées, les mines antipersonnel, la famine au Bangladesh, le cancer du poumon. Qu'est-ce que ça pèse, la boule à zéro, face à la famine au Bangladesh ? Ça pèse zéro, tout le monde le sait. N'empêche que quand tu te la prends dans la figure à mon âge, y a quand même de quoi te faire chialer le soir dans ton lit, tu peux me croire sur parole. Ça fait deux ans qu'ils tombent et ça fait deux ans que j'en suis malade, Léon. J'ai raté Marielle à cause de ça, j'ose plus me regarder dans un miroir et le type de Saint-Louis m'a prévenu qu'il y avait rien à faire. Tu comprends, maintenant, les coléoptères !?

Il me regarda comme si je sortais de l'asile. Après tout, il n'avait peut-être pas tort.

— Ah, mais fallait le dire tout de suite ! Bien sûr que je pige ! Les choses s'éclairent à l'acétylène ! Tu perds tes cheveux, t'es pas doué pour le jazz, t'as raté le type de Saint-Louis et Marielle t'a prévenu qu'il n'y avait rien à faire, alors tu te mets à collectionner les blattes, et peut-être même à coucher avec elles. C'est limpide, vieux, tu peux pas savoir comme c'est limpide !

— Ce sont pas des cafards, Léon, et puis c'est pas Marielle qui…

— C'est pareil ! Je vais te dire une bonne chose, ce sont pas tes cheveux, que tu perds, c'est la boule. Parfaitement, mon bonhomme, la boule ! Alors tu sais ce que tu fais, tu t'assieds tranquillement dans le fauteuil, tu te sers un Martini bien tassé, et tu ne bouges pas pendant que j'appelle l'ambulance…

10.

En cet hiver 752, Pépin le Bref, maire du palais, fils du grand Charles Martel qui jadis étrilla les Frisons, père du grand Charlemagne qui, plus tard, se fit couronner empereur, Pépin le Bref, disons-nous, homme de race, petit de taille mais noble de cœur, ayant lui-même glorieusement soumis les Saxons, les Alamans et les Bavarois par le fer et par le feu, et ne craignant nulle foudre sinon celle de Dieu, s'avance la tête haute vers le roi Childéric III. Ses mains tremblent de colère et son cœur crie vengeance, voilà onze ans que ce monarque inutile et fainéant le tourmente, et aujourd'hui il veut en finir, non par le sang – on ne tue pas son roi quand on se nomme Pépin le Bref – mais par l'ultime force du cheveu. Il écarte les manants, atteint le trône, ordonne au maudit d'en descendre, ôte promptement sa couronne, fait signe au barbier d'approcher, le roi des Francs hurle comme un goret, prédit l'enfer et les orages, mais il est trop tard, le Christ en croix lui-même ne pourrait rien pour lui : ses longues nattes blondes sont tombées sur le sol.

Déjà la nouvelle court le palais, passe les murs d'enceinte, se répand dans le royaume : Childéric est rasé ! Childéric est chauve ! Childéric n'est plus roi !

Bien joué, Pépin le Bref ! Depuis les temps lointains de Mérovée, oncques prince n'a régné sur ces terres farouches dépourvu de sa coiffe, et tant ont disparu qui l'ont vue disparaître. Un début de calvitie, et l'on est destitué. Une coupe un peu trop claire, on lâche la couronne. Car, en ces siècles sauvages, le cheveu n'est point simplement la grâce et la beauté : c'est la force, la puissance, l'élan tellurique, c'est l'énergie du cosmos et la régénérescence vitale. « Préfères-tu voir tes petits-fils morts ou rasés ? » demandèrent Clotaire et Childebert à Clotilde, lorsqu'ils eurent décidé de les déposséder du pouvoir. « Morts », répondit sans hésiter la femme de Clovis, pour épargner à ses petits le spectre hideux de la tonsure. Non, Childéric n'est plus roi ! Sans ses nattes, il n'est même plus tout à fait un homme. Qu'il termine donc sa vie aux côtés de moines rasés, au moins ne déparera-t-il pas dans le paysage ! On le jette dans l'abbaye de Saint-Omer ! Et Pépin le Bref, à qui pas une boucle ne manque, se fait sacrer roi dans la sainte ville de Saint-Denis par le pape Étienne II.

Je m'éveillai en sursaut et plongeai machinalement mon regard sur le cadran du réveil : quatre heures et demie du matin. Encore ce rêve insensé. Depuis que je l'avais découvert dans un livre d'histoire médiévale, le calvaire de Childéric III hantait régulièrement mes nuits. Parfois, comme ce jour-là, j'avais droit à une version à peu près authentique des faits. D'autres fois, mon inconscient agrémentait l'affaire d'enjolivures épouvantables qui me laissaient tremblant dès que j'ouvrais les yeux. Par exemple, le roi était pendu par les cheveux au-dessus d'un pieux acéré et il s'y empalait dès qu'on sectionnait ses mèches blondes. Ou bien, on confiait à des rats le soin de lui dévorer les racines, et les rongeurs, emportés par leur élan, lui croquaient aussi la langue et les yeux. D'autres fois encore, Pépin le Bref exigeait de Childéric qu'il s'arrache lui-même ses nattes jusqu'à la dernière fourche, et il les lui servait au petit déjeuner dans une assiette oblongue spécialement dessinée pour cet usage, accompagnées de ses orteils. De quels obscurs recoins de mon inconscient pointaient pareilles stupidités, je n'en avais pas idée, ni d'ailleurs du moyen de les en chasser. Mais, de toute évidence, ça chauffait dur à l'intérieur de ma boîte crânienne.

Deux ans avaient passé depuis l'affaire des coléoptères. J'avais terminé mes études, assez médiocrement du reste, et pris peu à peu ma place dans le monde épatant du journalisme. Je peux témoigner ici que la presse, responsable, comme on sait, de pratiquement tous les maux de la planète (y compris des cyclones tropicaux), et qui ne perd jamais une occasion de traîner dans la boue les hommes politiques pourris, les intellectuels vaniteux, les grands patrons cupides, les stars de ciné capricieuses, les metteurs en scène hermétiques, les animateurs de télé démagos, les ministres achetés et les arbitres vendus, ne nourrit en revanche aucune animosité à l'encontre des chauves. Jamais elle n'a tendu la moindre chausse-trappe à mon profil délabré, ni ne m'en a fait payer le prix d'aucune manière, même lorsque le mal prit des dimensions aéroportuaires. Je parle ici de la presse écrite, car je n'ai jamais été assez téméraire pour proposer mes services sur une antenne de télévision grand public – j'en eusse sans doute été chassé sans vergogne pour incompétence professionnelle, comme nombre de mes congénères capillairement défavorisés. La ménagère de moins de cinquante ans a droit à du bon matériel[1].

1. Le choix récent par une grande chaîne d'un présentateur noir et déplumé laisse cependant augurer d'une évolution des mentalités.

(De façon générale, je le précise ici, le marché du travail n'est pas tendre avec les dégarnis. Cela ne se dit jamais, mais il n'est pas rare que les recruteurs les écartent discrètement de leurs castings, afin, je suppose, de tâcher de conserver une bonne ambiance dans leur entreprise. Il est aussi possible qu'avec leurs dix ans de plus au faciès les chauves ne leur paraissent trop vieux pour tenir un bureau ou vendre des sacs à main à des Japonaises. Afin de quantifier le degré d'ostracisme des embaucheurs, des chercheurs allemands ont fait parvenir il y a quelques années à quatre-vingt-dix-huit chasseurs de têtes le curriculum vitae de six hommes dotés d'une chevelure normale. La moitié de ces CV portaient une vraie photo, et l'autre une image retouchée par ordinateur, afin de transformer les cobayes en crânes d'œuf. Résultat : 41 % des chevelus ont été retenus pour un entretien, contre seulement 27 % des chauves. La conclusion est mathématique : à compétence égale, les calvites ont environ un tiers de chance de moins de trouver un travail que les bien garnis.)

Je puis témoigner aussi que le médecin de Saint-Louis avait raison : en à peine deux ans, les équipes de déplumage avaient fait un superboulot sur mes hauteurs, je ne calculais plus au centimètre, mais le front de mon front avait bien reculé de deux doigts (en fait, je calculais en doigt), cela commençait vraiment à se voir. En revanche, comme ne l'avait nullement prédit ce timbré, je n'avais toujours pas progressé d'un millimètre dans l'acceptation de ma situation, le roi Childéric III pouvait en témoigner personnellement environ trois nuits par semaine.

Il est vrai que j'avais fort médiocrement géré mon affaire. Le stratagème des coléoptères avait fonctionné pendant environ deux mois – c'était toujours ça de gagné – à l'issue desquels j'avais subi un brutal retour de lucidité. J'avais flanqué mes notes à la corbeille, envoyé les élytres aux pelotes et rapporté ses opuscules colorés à mon Livingstone de bande dessinée : l'entomologie n'était pas pour moi. J'avais ensuite expérimenté successivement l'œnologie, la sculpture antique, le vol à voile et le bouturage de géranium, mais ces passions fabriquées de toutes pièces ne tinrent pas plus de quelques semaines. De toute évidence, le rutabaga poussait mal sur mon terrain stérile. Si je voulais avoir une chance de m'en sortir, il me fallait d'urgence changer de tactique. Et, tant qu'à faire, en choisir une qui m'apporte un peu de plaisir charnel, car sur ce plan précis, je le dis ici sans détour, les sculptures sans bras ne nourrissent pas leur homme et les géraniums à peine plus.

« Mes cheveux tombent. Mes poux n'ont plus rien pour se retenir. »

Jules Renard

11.

Après quelques jours d'intense réflexion, j'optai pour la stratégie du dromadaire. Le dromadaire est un animal idiot et extrêmement laid, mais il a la tête sur les épaules : lorsqu'il y a de l'eau, il boit. Il boit beaucoup, énormément, pantagruéliquement, c'est cela qui lui permet de ne pas mourir de soif au cours des interminables méharées. Je n'avais, pour ma part, nulle envie d'attaquer le désert, mais je savais d'avance que j'allais manquer de femmes durant toute ma vie. Aussi me parut-il pertinent d'en emmagasiner une grosse quantité tant que c'était encore possible, comme mon compagnon saharien. Les scientifiques objecteront qu'à la différence de l'eau l'amour ne peut pas se stocker, et le plaisir physique moins encore, c'est l'un de leurs nombreux points communs avec l'électricité. Mais, d'une part, je n'étais pas un scientifique. Et, d'autre part, rien n'empêche de se tapisser le cœur avec des provisions de souvenirs. Les jours de grande sècheresse, on sera heureux de les convoquer pour étancher sa tristesse.

Dès lors, ma vie devint une sorte de compétition sportive à vocation copulatoire. À peine sorti du journal, je courais les bars et les terrasses de café, hantais les cocktails mondains et les fêtes foraines à la recherche d'une dame de compagnie. Léon, qui n'était jamais en retard d'une canaillerie et qui grillait la vie au chalumeau, m'accompagnait volontiers dans ces chasses à courre quotidiennes.

Je le soupçonnais de ne pas avoir très bien compris mes théories chamelières. Faire des réserves de conquêtes en prévision d'une vie de disette lui paraissait aussi stupide que de porter des cache-nez en juillet pour se préparer aux frimas de décembre, et il levait les yeux au ciel dès que j'abordais le sujet devant lui. Cela faisait sans doute plusieurs semaines qu'il me regardait comme un demi-fou, peut-être même comme un cinglé complet, mais, à cette époque, il espérait encore pouvoir me tirer d'affaire à force de patience et d'attention. Léon soutenait d'ailleurs sans rire que la calvitie ne rendait pas atrocement laid, qu'elle ne défigurait pas complètement ses victimes ni ne faisait fuir les femmes à toutes jambes. À l'en croire, elle conférait au contraire à ses heureux porteurs un petit côté mûr qui les faisait toutes vaciller. Et, comme il avait lu quelque part que les chauves ne souffrent jamais d'impuissance, ce qui est plus ou moins exact, il s'était pratiquement mis à me jalouser.

— Tu ne sais pas la chance que tu as.

— Ouais. Je n'aurai pas de problème pour honorer les femmes que je n'aurai pas. Si c'est ça que t'appelles une chance.

— T'as qu'à retourner à tes coléoptères !

Naturellement, la plupart de nos proies nous rembarraient – même avec mon reste de cheveux je n'étais pas Gary Cooper, et Léon avait tout de Gainsbourg à l'exception du talent – et il nous fallait très souvent lever le camp la queue basse. Mais nous n'en tirions aucune honte, car, après tout, les joues sont faites pour prendre des claques. Et, sur la quantité, il se trouvait presque toujours des jeunes femmes assez avenantes pour accepter nos offres de service. Léon, qui voyait la vie en rose, attribuait ces bonnes fortunes à son « coefficient de séduction » et parfois même à son « charme latin », alors qu'il s'agissait simplement d'une application classique de la loi des grands nombres. Pour ma part, je n'étais pas dupe de ces succès. Pour une fois que les mathématiques me servaient à quelque chose, j'étais même prêt à leur rendre un hommage public en résolvant à la craie une série d'équations du deuxième degré sur le trottoir des Champs-Élysées.

La nuit, je poursuivais l'épreuve entre les draps avec un grand sens de la variété. N'oublions pas que je faisais des provisions de rêve, il me fallait à tout prix éviter de sombrer dans le répétitif si je voulais que l'exercice fût utile. Heureusement, mes conquêtes me donnaient un sacré coup de main. Guidé par leurs doigts experts, je devins un aficionado de la brouette japonaise, un champion du parachute ventral et de la reculade pénétrante. J'expérimentai l'affaire entre les bancs des squares, sur un fauteuil à bascule, dans un ascenseur en panne et même pendu au plafond, position audacieuse à la suite de laquelle je dus porter une minerve pendant plus d'une semaine. Les étrangères, surtout, foisonnaient d'idées nouvelles. Sur les conseils d'une Suédoise, je tentai le coup avec des harengs saurs, mis au point dans les bras d'une Mexicaine des variantes non répertoriées du sombrero spermatique et découvris les joies de la retournette espagnole par la grâce d'une Gitane à regard de braises, qui travaillait avec des cordes de guitare.

Inutile de dire que je ne m'amusais pas tous les jours. À petite dose, le sexe est déjà l'une des activités les plus ennuyeuses de la création, à peu près à égalité avec les courses du samedi et les paperasses de la Sécu. Consommé en quantité industrielle en l'absence de tout sentiment, il devient carrément assommant. En pleine besogne, il m'arrivait de songer à cette horrible potion que, dans ma prime enfance, mes parents me faisaient ingurgiter pour stabiliser mon transit intestinal. Lorsque mes cris de dégoût leur échauffaient un peu trop les oreilles, ils me les rebattaient d'un cinglant : « Ce n'est pas un dessert, c'est un médicament ! » Mes frasques non plus n'étaient pas un dessert : il s'agissait d'un traitement préventif contre la frustration, et il me fallait les endurer avec courage, si je voulais m'en tirer passé la trentaine.

Cette petite mort dura dix-sept mois.

Au dix-huitième mois vint Marie.

À première vue, Marie était comme les autres. Elle avait un ventre plat comme la Belgique, des jambes longues comme l'Escaut et deux collines ardennaises à la place des seins. Avant d'échouer sur mon territoire, ses lèvres avaient visité toute l'Europe, et elles en avaient ramené des expériences à réveiller un mort.

— Ben oui, j'ai vu du pays. Il faut voyager pour progresser sur le chemin de la connaissance, non ? Mais je crois que j'ai trouvé enfin mon port.

Oups ! On a beau avoir roulé sa bosse contre tous les épidermes, c'est quand même un peu gênant de s'entendre traiter de porc de but en blanc. D'un côté, je le prenais comme un compliment, c'était un indéniable hommage à mon savoir-faire. Mais, de l'autre, je trouvais l'attaque un peu raide, surtout de la part d'une femme qu'on connaît à peine.

— Je suis si cochon que ça ?

Elle éclata de rire. En plus d'avoir la peau satinée, et des yeux comme le ciel, Marie comprenait tout au dixième de seconde, elle finissait mes phrases à ma place, cela me reposait des habituelles pimprenelles bas du QI.

— Mon port, idiot, mon port avec un *t*.

Nous passâmes un été de rêve. Marie était drôle, légère, pimpante comme une fleur des champs, elle portait des robes de demoiselle de Rochefort et m'enchantait avec son rire de petite fille, mais, lorsqu'elle y mettait du sien, elle était capable d'affoler une rangée entière de réverbères, et c'était moins ennuyeux que la Sécu. Chaque jour qui passait, elle m'entraînait un peu plus loin dans son monde cristallin, je me faisais l'impression d'être un scaphandrier sortant d'une mare croupie et respirant enfin à l'air libre. Nous achetâmes une Fiat bringuebalante, dont les pare-chocs défoncés témoignaient d'une existence assez bousculée, y enfournâmes à la hâte deux minivalises et mîmes le cap à l'ouest. Il faisait beau. La campagne embaumait le troène et le chèvrefeuille. Nous courûmes comme des enfants sur les plages de

Normandie, fîmes un festin de caramels au beurre salé dans la presqu'île de Quiberon, poussâmes jusqu'à Bayonne le temps d'une corrida. Le troisième torero ressemblait à Jacques Chirac, et Marie décréta que son taureau avait tout de Giscard, « y compris les cornes ». Au moment de l'estocade, nous partîmes d'un tel fou rire que l'arène, scandalisée, nous intima l'ordre de la boucler.

— Il y a un fluide entre nous.

Lorsque, en septembre, nous revînmes à Paris, le doute n'était plus permis, nous étions amoureux. Je ne connaissais pratiquement rien à la peinture abstraite, mais les toiles que Marie composait me paraissaient respirer une nouvelle lumière, on aurait dit que son atelier avait subitement tourné le dos au septentrion pour s'orienter vers le sud. Mon aimée se doutait que ce brutal changement de cap risquait de remettre en cause sa prochaine exposition, baptisée « sentences et souffrances », et déjà présentée dans les revues d'art contemporain comme une « transmédiation restructurée de l'univers pictural de Jérôme Bosch ». Mais, au fond, je crois qu'elle s'en fichait.

— Je n'aurai qu'à changer le titre.

Nous louâmes un charmant trois-pièces sur la butte Montmartre. Les fenêtres donnaient sur un petit square ourlé d'églantines et de clématites, dont la partie gauche était occupée par un terrain de boules. Le dimanche matin, avant que l'assaut des patins à roulettes et des ballons de football n'en chasse les oiseaux, une dizaine d'adeptes du tai-chi venaient y caresser l'espace de leurs lents mouvements méditatifs. Apaisés par leur vibration silencieuse, nous faisions l'amour la fenêtre ouverte, roulant des hanches à leur rythme sous la caresse du soleil. Nous nous sentions en harmonie avec l'ondulation du monde.

Noyés dans cette jouvence, mes problèmes de cheveux finirent par s'estomper. Il m'arrivait de passer des journées entières sans y penser et, même, c'était à ne pas croire, de me réveiller au milieu de la nuit sans être assailli par mon Gaulois tondu. J'aimais Marie, Marie m'aimait : qu'avais-je à faire de mes boucles ? Et elle, qu'avait-elle à faire de leur absence ? Avant même de m'embrasser pour la première fois, dans ce café à velours rouge de la place Clichy, elle avait laissé aller sa main sur mes golfes, et leur vaste étendue n'avait point semblé l'émouvoir. J'avais quand même débité mon petit discours, expliquant que beaucoup de mes cheveux étaient tombés ces dernières années à cause du stress du journalisme, car le journalisme est un métier stressant, mais qu'aujourd'hui c'était fini, ils repoussaient en rangs serrés, si bien que d'ici à quelques mois il n'y paraîtrait plus. En général, cette ficelle grosse comme une corde de marine fonctionnait assez bien, je le dis pour les jeunes camarades défavorisés qui souhaiteraient l'utiliser à leur tour. Une fois seulement, il arriva qu'une jolie brune picotée de taches de rousseur, que j'avais entreprise à la hussarde dans un wagon corail, ouvrît des yeux comme des billes et me demandât si je la prenais pour une idiote (il s'avéra qu'elle était coiffeuse). Marie, elle, ne répondit rien, je ne sais même pas si elle prêta attention à mes salades, elle devait déjà naviguer dans de plus hautes sphères. Elle repoussa nos deux verres de menthe à l'eau dans un coin de la table, colla ses lèvres humides contre les miennes encore sèches, et la vie changea de couleur.

(Il faut croire qu'elle perçut quand même des bribes de mon argumentaire, car quelques semaines plus tard, comme nous faisions la queue devant le cinéma Rex, elle me demanda à brûle-pourpoint : « Au fait, qu'est-ce qui est stressant dans le journalisme ? »)

« Mes cheveux sont tombés et je suis quand même resté. »

Proverbe iranien

12.

Cela paraîtra sans doute extravagant aux chevelus, mais les chauves aussi ont droit à leur part de bonheur. Pas nécessairement longue, il ne faut rien exagérer, mais tout de même, à une vraie part de vrai bonheur, découpée à la pelle à tarte dans les meilleurs morceaux de l'existence. Depuis mes déboires avec Marielle, ma vie n'avait été qu'une interminable route caillouteuse, un éternel combat perdu d'avance contre l'angoisse du vide, et je crois que jamais je n'y avais trouvé l'occasion d'être heureux. Bien sûr, il m'était arrivé d'oublier temporairement mon sujet pour me fixer sur autre chose, et pas seulement sur les coléoptères, mais ces courtes parenthèses ne m'avaient offert qu'un tiède soulagement : quoi qu'il advienne, mon mal restait tapi dans l'ombre, prêt à mordre, et je l'entendais me suivre à la trace comme un fauve trahi par les feuilles sèches. Les amoureux éconduits, qui, quelque effort qu'ils fassent pour la mettre en fuite, ne sont jamais délaissés par la souffrance, connaissent bien ce sentiment permanent d'être *cerné* par un démon invisible. Qu'on leur propose un charmant après-midi de soleil entouré de bons amis, un dîner au « bar à huîtres » pour fêter leur promotion, ou un séjour de rêve à Bali avec une brochette de jolies filles, ils savent d'avance qu'ils les passeront avec leur bête dans les entrailles, et l'on s'étonnera pareillement qu'ils y conservent les yeux tristes.

Pendant tant d'années, j'avais tenté de régler son compte à mon tracassin capillaire et je n'étais parvenu qu'à le conforter. Certains soirs, je l'entendais rigoler de mes vains efforts, je suis sûr qu'il se croyait beaucoup plus fort que moi, peut-être même invincible. Eh bien, il avait tort. En quelques semaines, et sans soupçonner son existence, Marie parvint à le terrasser. Elle le tua net d'un regard d'amour, à mon avis il n'eut même pas le temps de souffrir. Je me souviens encore de ma stupéfaction devant cette formidable découverte, c'était donc cela l'antidote, pas les coléoptères, pas les piqûres de cystine, pas le sexe à tous crins, pas même la méthode Coué, mais le regard d'amour de la femme qu'on aime. Dire que j'avais tâtonné si longtemps sans en avoir l'idée ! Il est vrai que le regard d'amour de la femme qu'on aime ne fait pas repousser les cheveux : il évite juste qu'on s'en fasse. Voilà pourquoi, dans la pharmacopée folliculaire, il occupe en quelque sorte le fond du tiroir, ce qui le rend moins facile à dénicher. Il est vrai aussi qu'on ne peut pas s'en procurer en pharmacie, et qu'aucun service hospitalier spécialisé n'en propose jamais à ses patients. Il faut attendre qu'il tombe du ciel, c'est nettement moins pratique.

Débarrassé de mes angoisses, je fis double foulée pour rattraper le temps perdu. Combien je me mis à aimer Marie pendant ces mois bénis, elle-même ne s'en douta jamais. Je mordais dans la vie comme dans une pêche, le jus sucré me dégoulinait sur le menton, je riais, je dansais avec elle, je dormais dans son corps, je faisais des confettis avec ma souffrance, quel retour en grâce les amis, et quelle revanche sur les années noires ! De temps à autre, je repensais à mon malheureux prof d'anglais qui, lui, n'avait pas trouvé la solution, et cela me faisait mal aux tripes. Pauvre Boulaz, je t'abandonne. Je te laisse sur ton quai de gare maussade, je te laisse à tes onguents, à tes hantises et à ton désespoir absurde, n'entends-tu pas le printemps qui chante, vieux frère, ne sens-tu pas les arbres qui bruissent et la sève qui monte, allez, tire un trait sur ton ovoïde et viens danser avec moi, comment peux-tu te fourvoyer ainsi pour quelques tiges de kératine ? Et moi ? Comment avais-je pu tant larmoyer pour une toison perdue ? J'avais beau me projeter en arrière, me repasser cent fois le film de ma propre existence, je ne parvenais plus à en avoir idée. Il fallait que j'eusse la tête à l'envers.

Ma part de bonheur dura environ six mois, à la suite de quoi le président Mitterrand y mit fin du jour au lendemain, pour des raisons de basse politique.

13.

Ce fut une trahison scandaleuse, car j'avais voté pour lui, et même, j'ose le dire, dansé la gigue à la Bastille pour fêter sa victoire. Le fait que son adversaire ait été chauve, je le précise à toutes fins utiles, ne fut pour rien dans mon choix : je voulais changer la société, comme on disait à l'époque sans éclater de rire, faire la peau de la pauvreté et nationaliser les banques. Giscard, lui, roulait pour le contraire.

À la décharge du président socialiste, je précise aussi que, si elle s'avéra décisive, son estocade fut indirecte et probablement non intentionnée. François Mitterrand n'avait guère de raisons de m'en vouloir, étant donné qu'il ne me connaissait pas, et j'ai tout lieu de penser qu'il devait même ignorer mes affaires de calvitie. On a toujours l'impression que ses propres problèmes sont au centre du monde, alors qu'en réalité ils n'intéressent personne. C'est heureux d'ailleurs, car si, en plus de mes manques, je devais supporter l'angoisse des cheveux gras de la voisine (et *vice versa*), et les pellicules collantes de mon rédacteur en chef (et *vice versa*), nous ne nous en sortirions pas ni les uns ni les autres.

Toujours est-il que, le 18 juillet 1984, le président de la République décida de renvoyer Pierre Mauroy au prétexte qu'il était trop à gauche, et de catapulter à sa place au poste de chef du gouvernement une espèce de jeune lutin brillant, dynamique, et déplumé comme une boule de pétanque. Quelques jours plus tard, aux informations de vingt heures, nous vîmes débarquer sa femme dans la cour de l'hôtel Matignon à bord d'une 2 CV Charleston. Sous l'œil complaisant des caméras, Françoise Castro vint se coller contre son mari, plus jeune Premier ministre de France, afin de démontrer au peuple que, dans les sphères élevées aussi, et spécialement dans celles de la gauche, on sait aimer d'amour. Marie faillit en lâcher son verre de Perrier.

— Je ne comprends pas comment elle fait !

— Bof ! Moi aussi, tu sais, j'ai eu une 2 CV, je suis même allé à Istanbul avec et…

— Je te parle pas de sa voiture. Je te parle de son mec.

— Fabius ? Il faut lui laisser un peu de temps, je crois. Il n'est là que depuis trois jours, c'est encore court pour juger d'une politique.

— Incroyable ! Elle a pourtant l'air pas mal, cette nana. Vraiment, je ne comprends pas comment elle a pu se coller avec un mec aussi désertique !

Je sentis une légère sensation de froid me chatouiller le bas des reins. Mais, après tout, c'était peut-être une fausse alerte.

— Euh… Qu'est-ce que tu entends au juste par « un mec aussi désertique », ma chérie ?

— Hein ? Ben, un aride, quoi. Un citron sec. Tu vois pas sa gueule ? Franchement, moi, Premier ministre ou pas, je partirais en courant.

Je ne sais pas par quel miracle je parvins à atteindre l'évier de la cuisine avant de vomir. C'était déjà assez de voir ma vie s'effondrer, il n'aurait pas fallu qu'en plus je salisse le tapis du salon.

14.

Les semaines qui suivirent furent atroces. Haché menu par la révélation fabiusienne, poursuivi nuit et jour par le rire sardonique de Boulaz, je tentai vainement de recoller les morceaux épars de ma propre existence. L'avais-je crue à jamais vaincue, ma vieille inquiétude pileuse ? Elle n'avait disparu de la scène que pour reprendre des forces. Au moment où je m'y attendais le moins, elle était reparue triomphante, transfigurée par la volonté de nuire. Car, désormais, elle ne se contentait pas de me projeter l'image virtuelle d'un avenir raté : elle passait aux travaux pratiques avec, en vedette américaine et dans le rôle de la méchante, ma propre bien-aimée. Mon Dieu ! Non seulement Marie ne se fichait pas de mes golfes, comme je l'avais imaginé dans un instant d'égarement, mais elle venait de me signifier clairement qu'elle me quitterait le jour où ils s'étendraient trop. Elle ne voulait pas d'un chauve, voilà tout. Ainsi, par un sublime effet de cruauté, celle que j'avais prise pour ma libératrice resserrait un peu plus le nœud coulant de mon angoisse. Et son amour, dont j'avais espéré qu'il décapite mon mal, était lui-même programmé pour se faire guillotiner par ma calvitie. Il n'y avait plus qu'à enfiler les toges et l'on se serait retrouvé en pleine tragédie grecque.

Une fois la stupeur passée, ce coup de théâtre me plongea dans des affres de réflexion. Car, enfin, Marie ne pouvait pas ignorer qu'un jour ou l'autre j'arborerai moi même un profil « désertique » à la Laurent Fabius. Et que, par conséquent, notre liaison était condamnée à plus ou moins brève échéance. Pourquoi, dès lors, me la jurait-elle éternelle ? Se pourrait-il qu'elle ait cru à mes carabistouilles sur le journalisme stressant, et la repousse imminente de mes bouclettes ? Cela aurait été fort étonnant : depuis quelques mois mes cheveux tombaient si drus qu'ils déshabillaient pratiquement mon crâne à l'œil nu, il aurait fallu être aveugle pour ne pas s'en rendre compte. Espérait-elle en secret que je trouve un remède miracle capable d'inverser cette marée descendante ? La jouait-elle à la *carpe diem*, en fermant les yeux sur mon mal tant que c'était possible ? Ou se moquait-elle tout simplement de moi depuis un an ? Dans tous les cas, une franche explication s'imposait, éventuellement assortie d'un après-midi de femme de ménage et d'un gros chèque au magasin de vaisselle, car elle risquait fort de se terminer par une rupture définitive dans le sang et les larmes. La seule évocation de cette perspective me faisant flageoler les jambes, je résolus de passer outre. Si je voulais avoir une chance de garder Marie, je devais m'en sortir seul, à la manière d'Hercule face à l'hydre de Lerne.

Commença alors une terrible course contre la montre. Chaque cheveu qui tombait dans ma soupe était un pétale d'amour arraché, chaque millimètre de terrain gagné par l'alopécie, un pas vers la rupture et la dévastation. Notre liaison avait beau être douce comme un matin clair, je sentais le philtre qui nous enchantait s'écouler goutte à goutte sur le plancher, bientôt il ne resterait plus qu'une outre sèche, il me faudrait prendre le relais avec mes larmes. Quel enfer ! Quelle horrible injustice ! Perdre la femme de sa vie parce qu'on la délaisse, qu'on se trompe tout le temps dans la liste des commissions ou qu'on rote à la bière devant le foot, passe encore ! On ne peut pas être gagnant sur tous les tableaux. Mais voir décamper son aimée parce que la nature vous a verglacé le haut du personnage ! Ah, on peut dire qu'elle faisait du bon boulot, l'alopécie andro-génétique, de la belle saloperie de bon boulot !

De son côté, Marie ne semblait nullement affectée par cet effroyable compte à rebours.

Elle respirait le bonheur, se faisait chasser des balançoires du parc Monceau par les mamans (« jusqu'à dix ans, madame »), tournoyait sur les tables pour me montrer ses nouvelles robes et noyait le printemps de ses fous rires. Comme elle l'avait craint, son galeriste, effaré par sa détestable évolution picturale, avait refusé tout net d'accueillir son exposition, désormais baptisée « lumière blanche ». En moins d'une semaine, elle en avait déniché un autre dans le VIe arrondissement, nettement plus coté du reste, et cette petite revanche sur l'école mortifère la mettait d'humeur joyeuse. Jacques Rivoire adorait la « lumière vive » qui transparaissait dans les toiles de Marie, et je le soupçonnais d'apprécier tout autant celle qui émanait de son visage de reine et de son corps ondulant. Chaque fois qu'il la regardait, il en avait la bave aux lèvres, j'avais l'impression qu'il allait se jeter sur elle pour la dévorer. Mais, d'une part, il avait vingt ans de plus qu'elle, ce qui faisait quand même beaucoup pour un loup de Tex Avery. Et, d'autre part, il était encore plus chauve que Laurent Fabius. Hé, hé, hé !... Le malheureux pourrait continuer à lui tourner autour pendant un siècle, la faire exposer au Jeu de paume entre les Sisley et les Pissaro et même à l'Ermitage de Leningrad si ça lui chantait, il n'aurait jamais la moindre chance d'arriver à ses fins. Je le plaignais un peu, parce que, entre chauves, il faut s'entraider, mais pas trop, finalement. Du reste, Marie ne semblait même pas avoir remarqué ses ronds de jambe cauteleux. La date du vernissage approchant à grande vitesse, elle restait enfermée pendant des heures dans son atelier à travailler ses couleurs, et elle s'en revenait le plus souvent satisfaite, c'était une bonne surprise, d'ordinaire elle avait plutôt l'habitude d'en sortir lessivée et livide.

— Je sais pas pourquoi, ça se passe bien avec les pinceaux en ce moment. C'est peut-être parce que je t'aime.

Je n'en revenais pas. Le plus incroyable, c'est qu'elle tirait maintenant des plans à longue échéance, sans se soucier le moins du monde de mon irréversible fabiusation. Elle ne me parlait certes pas de faire un enfant, mais elle rêvait déjà tout haut d'acheter avec moi une maison en Bretagne et, « plus tard, peut-être », un petit bateau. Un jour que nous faisions nos courses au rayon « matelas » des Galeries Lafayette, elle exigea qu'on en choisisse un de première qualité, afin d'être « parés pour au moins dix ans ». C'était à n'y rien comprendre. Lorsqu'elle se laissait aller à de pareilles envolées, l'hypothèse du journalisme stressant reprenait du poil de la bête, et cela me plongeait dans des gouffres insondables de culpabilité. N'étais-je pas tout simplement en train de la tromper avec mon soi-disant reboisement en cours ? Je n'en dormais pas la nuit. Après tout, Marie était une artiste, elle n'avait peut-être aucune idée de ce qu'était la calvitie précoce, ni (mais de cela j'étais moins sûr) des sornettes que pouvait proférer un dragueur de mon acabit dans un café de la place Clichy. Ne devais-je pas la détromper séance tenante sur mon avenir capillaire ? Elle ferait ses valises dans l'heure, certes, mais au moins je serais en paix avec ma conscience, c'est tout de même cela le plus important, n'est-ce pas ?

Au lieu de quoi, j'achetai un Dunlopillo de catégorie supérieure, dépouillai les petites annonces immobilières du golfe du Morbihan et continuai de me la boucler. Paix avec ma conscience ou pas, je n'étais pas assez japonais pour me faire hara-kiri. Et après tout, si, par extraordinaire, Marie n'avait pas pris conscience de mon déplumage, elle n'avait qu'à me regarder avec un peu plus d'attention !

Quant à moi, mon programme de travail était désormais simple comme bonjour : empêcher ma crinière de lever le camp avant qu'il ne soit trop tard. Étant donné l'enjeu vital de cette affaire, et le caractère tragique de la situation, ma feuille de route me donnait carte blanche, j'étais autorisé à utiliser n'importe quel moyen pour réussir ma mission, y compris les plus inavouables : au jour des bilans, seul le résultat compterait. Ainsi libéré de mes chaînes, je me sentais l'âme d'un guerrier, et parfois même d'un chevalier. Le chevalier de l'amour et de la tignasse, oriflamme au vent, donnant l'assaut contre dame Nature à l'orée de la forêt. Hmmm… Il n'était pas dit que j'allais triompher. Mais il était certain que j'allais combattre.

« Si vous êtes chauves, vous pourrez,
avec cette lotion, le rester indéfiniment. »

Jean Cocteau

15.

Je ne voudrais pas incriminer ici la médecine, nous ne sommes plus au temps de Diafoirus, et il est incontestable que les blouses blanches réalisent des choses formidables. Mais, sur la question de la calvitie, je regrette de devoir le dire, les docteurs sont restés jusqu'à maintenant en deçà de la main. En l'état actuel des connaissances, et si l'on excepte les greffes de cheveux, désormais assez au point, il n'existe en effet que deux moyens vaguement efficaces pour traiter l'alopécie androgénétique. La première consiste à avaler des comprimés de finastéride, une substance bizarre dont l'action positive sur la vivacité des crinières a été scientifiquement démontrée. Pour faire simple, la finastéride empêche la méchante enzyme « 5-alpha-réductase » de transformer la gentille hormone « testostérone » en affreuse « dihydrotestostérone », dérivé diabolique qui fauche les champs occipitaux comme une moissonneuse-batteuse. C'est parce qu'ils ont la tête pleine de cette saleté que les chauves sont chauves, et parce qu'ils n'en ont pas lourd sous la peau du crâne que les chevelus sont chevelus. Le laboratoire qui commercialise la finastéride assure que son action freine ou stoppe la chute des cheveux dans 80 % des cas, et qu'elle provoque même une repousse partielle (à l'arrière du crâne, presque jamais sur le devant) chez 40 % à 60 % des sujets, ce qui est loin d'être négligeable. Personnellement je n'ai jamais eu recours à cette formule, car, d'une part, elle a été découverte trop tard – lorsqu'on l'a mise sur le marché, mon profil était déjà irrécupérable. Et, d'autre part, parce qu'elle peut rendre impuissant. Pas toujours, il faut le reconnaître. Mais quand même dans un certain nombre de cas. La finastéride peut aussi faire de temps à autre pousser les seins des hommes, ce qui complète assez bien le tableau[1].

On objectera que la perte de sa virilité est un bien léger désagrément au regard des magnifiques avantages offerts par cette molécule sur le plan capillaire. Il faut croire que je suis de la vieille école, car je n'ai jamais fait mienne cette hiérarchisation des priorités : à mon sens, le tronc primera toujours sur le feuillage. (Il m'a d'ailleurs toujours paru incroyable que les millions de mes compagnons

1. Les deux effets secondaires sont d'ailleurs mentionnés dans la notice du médicament.

qui avalent leur comprimé tous les matins soient prêts à faire l'échange standard de leur masculinité contre une poignée de crins. Plus que tous les discours, cette simple constatation démontre le profond état de détresse dans lequel la chauvitude peut plonger ses victimes, je le dis ici sans plaisanter.)

Bien entendu, la finastéride est hors de prix et non remboursée par la Sécurité sociale, car, autrement, ce serait trop facile.

Le deuxième médicament s'appelle le minoxidil. Sa découverte est tout entière le fruit du hasard, puisqu'il s'agissait à l'origine d'une molécule destinée à lutter contre l'hypertension artérielle. Les médecins s'étant rendu compte que, entre autres effets secondaires, elle faisait pousser les poils des patients, ils ont eu l'idée de la commercialiser comme engrais crânien. Bien leur en a pris, car ils ont très vite obtenu un succès planétaire. Et durable, puisque, comme ceux de la finastéride, les éventuels effets de cette lotion sont réversibles, et qu'il n'est donc pas recommandé d'arrêter le traitement.

Mon premier acte de chevalier fut de m'en gaver le cuir chevelu. À l'époque, le minoxidil venait tout juste de sortir des laboratoires, et les médecins n'hésitaient pas à le présenter comme *le* produit miracle attendu depuis des millénaires par le peuple des crânes luisants. Avant de leur casser les pieds avec ses « premiers jours » sur

Donzère-Mondragon, le compulsif de Saint-Louis devait désormais le recommander la mort dans l'âme à ses patients, j'aurais payé cher pour avoir été à leur place en mon temps. Mais il ne sert à rien de regretter… À peine connue la nouvelle de son existence, je filai m'en acheter trois boîtes à la pharmacie, et m'en revins à demi tondu, car le minoxidil coûte lui aussi une petite fortune, et n'est pas non plus pris en charge par la Sécu. Le jour où les chevelus accepteront de partager les frais avec les chauves, les poules auront des dents (et moi-même, des plumes sur le crâne).

Excité comme une puce par ma prise de guerre, je piquai un sprint jusqu'à mon immeuble. À cette heure de la journée, je n'avais aucun risque d'y croiser Marie, cela faisait trois mois qu'elle passait tous ses après-midi à l'atelier pour profiter de la bonne lumière. J'étais tranquille pour expérimenter ma lotion.

— Mais… ? Qu'est-ce que tu fais là ?

Elle était assise sur le canapé du salon avec le dernier Djian, souriante dans sa petite robe mauve à collerette blanche.

— Ben, je n'avais aucune inspiration, alors je suis rentrée. Métro-pinceau-dodo, tu vois, je commence à en avoir ma dose. Tu reviens de la pharmacie ?

Mes yeux balayèrent lentement l'espace de haut en bas et se posèrent sur le sac à bretelles qui se balançait doucement à mon poignet gauche. Fouchtra ! Si elle avait cru à mon baratin de la place Clichy, il y en avait assez là-dedans pour envoyer mon couple à la poubelle et mon bonheur *ad patres* ! Par chance, le plastique était suffisamment opaque pour masquer l'emballage de mes potions, même avec ses yeux de lynx, Marie ne pouvait rien apercevoir. Je traversai le salon en trois enjambées, et m'enfermai dans les toilettes.

Assis sur la lunette des WC avec mon minoxidil sur les genoux, le cœur battant la chamade, la sueur glaçant mes omoplates, je mis plusieurs minutes à reprendre mes esprits. Ah ! il avait bonne mine le chevalier Bayard ! Ah ! il avait grande allure sur sa chaise percée, avec ses fioles antichute ! Pendant un instant, je songeais à tout abandonner. À quoi bon lutter contre plus fort que soi ? En y mettant toute mon énergie, je pourrais peut-être gagner quelques mois sur l'adversité, éventuellement quelques années, mais à terme mon combat était perdu d'avance, je ne valais pas mieux que Childéric face à Pépin le Bref, je le savais parfaitement. Et puis, je ne pouvais tout de même pas passer la soirée dans les toilettes ! Car, bien entendu, leur porte donnait en plein sur le salon. Qu'allais-je inventer lorsqu'elle me verrait sortir avec mes potions dans les poches ? Des sornettes ! Encore et toujours des sornettes ! Non, mieux valait accepter la défaite, rendre les armes une fois pour toute à la di-hydrotestostérone, et dormir enfin sur mes deux oreilles. Oui, dormir…

Ce coup de blues dura environ un quart d'heure. À la suite de quoi, je tirai la chasse sur mon découragement et me mis à réfléchir aux moyens de sortir de là. Évidemment, l'idéal aurait été que Marie se décide à descendre. Mais j'avais beau me pressurer les méninges, je ne parvenais pas à trouver de prétexte crédible pour l'envoyer dehors. Je songeai bien à lui demander d'aller chercher du papier, mais la réserve de rouleaux atteignait pratiquement quatre-vingts centimètres de hauteur, il y en avait pour des semaines de tourista. Pourquoi fallait-il que j'ai toujours peur de manquer ! Un moment, j'eus l'idée de cacher mes flacons dans la chasse d'eau et de reparaître comme si de rien n'était. Mais, outre que ce séjour dans la faïence les aurait salement humidifiés, Marie n'aurait pas manqué de remarquer leur absence, je l'entendais déjà me demander des comptes de sa voix tranquille, mais enfin chéri, où as-tu mis tes médicaments, tu es entré avec et tu ressors les mains vides, ils ne sont quand même pas tombés dans le trou ? Absurde ! Absurde et ridicule ! La vérité, c'est que j'étais coincé aux WC pour toute la soirée. Et le jour de la diffusion de *Carmen* au Metropolitan encore, on peut dire que j'étais verni.

En désespoir de cause, je croisai les doigts de la main gauche et pensai très fort « pif paf pouf ta ka plouf », comme au beau temps de mes cours de récréation. J'avais déjà expérimenté la méthode à plusieurs reprises, notamment pendant les oraux de Sciences-Po, en général elle donnait d'assez bons résultats (à condition d'être concentré, bien sûr). Je ne sais pas au juste qui a inventé ce truc – il est bien possible que ce soit moi –, mais je le remercie du fond du cœur car, cette fois encore, il fonctionna au poil. À peine prononcée la formule magique, Marie gratta doucement à la porte et m'annonça qu'elle filait chez Franprix avant que ça ne ferme. Quelques instants plus tard, je bondis hors de ma prison et fis disparaître mes boîtes au fond du placard à chaussures. J'étais sauvé ! Ce faisant, je m'aperçus que j'étais resté enfermé plus d'une demi-heure en tête à tête avec elles, et que je n'avais même pas eu la présence d'esprit d'en lire le mode d'emploi.

C'était heureux, car sa découverte m'aurait plongé à coup sûr dans la consternation. Le minoxidil, me confirma le lendemain un voisin médecin, devait être soigneusement étalé sur le crâne au moyen d'un Coton-Tige. C'était une opération délicate, car il fallait éviter autant que possible d'en mettre sur les cheveux. La bonne méthode consistait à tracer des sillons entre les mèches et à badigeonner ces derniers un à un, en prenant garde de ne pas déraper. Les zones arrière en voie de déplumage (le minoxidil est inopérant sur les champs de ruines frontaux) devaient être particulièrement soignées, car c'était là le point d'action principal du produit. En somme, le traitement était à la fois long et impossible à effectuer tout seul. « La plupart du temps, les patients le font faire par leur conjointe », m'indiqua le docteur.

La plupart du temps. Par leur conjointe. Mon Dieu !

Une demi-heure plus tard, je sonnai chez Léon avec ma boîte en bandoulière. Le malheureux était plongé devant le quart de finale de Roland-Garros, il était clair que je tombais comme un cheveu sur la soupe, mais c'était une situation d'urgence, et j'avais réparé son scooter en pleine nuit la semaine précédente. L'opération prit pratiquement tout le deuxième set (6-2 pour Henri Leconte) et Léon dut faire ensuite une longue halte à la salle de bains, car il s'en était mis plein les doigts, et pas mal aussi sur le pantalon. Lorsqu'il sortit de là, il avait l'humeur d'un bouledogue frappé par une rage de dents.

— Et tu veux que je te fasse ce badigeon tous les combien ?

— Ben, tous les deux jours…

— Quoi ? Alors là je te le dis tout de suite, jamais ! Tu m'entends, jamais ! Je fais analyste politique, moi, pas petite sœur des chauves ! Débrouille-toi tout seul et laisse-moi regarder la fin !

Je devais reconnaître qu'il avait raison. Ce truc tenait du sacerdoce, il n'était pas question de le confier à un ami, à moins de vouloir le perdre sans délai. Un peu gêné aux entournures, je retournai voir mon vieil infirmier. Au moins ne s'agissait-il pas de piqûres, il allait pouvoir me soigner sans me faire de mal, et tant pis si cela me coûtait cher. L'ingrat me reçut à coup de tromblon.

— Déjà la dernière fois, je me posais des questions. Mais maintenant je suis sûr de mon coup : vous n'êtes pas bien, mon petit. Entre nous, vous pensez vraiment que je vais consacrer trois ou quatre heures de ma semaine à vous étaler ce machin sur le crâne ? Demandez-moi de vous intuber, ça oui, de vous faire un bandage abdominal, pas de problème. Je peux même vous piquer dans la colonne vertébrale, si ça vous chante. Mais faire joujou avec un Coton-Tige ! Je n'ai pas fait plusieurs années d'études et trente ans de carrière pour en arriver là, mon ami ! Débrouillez-vous tout seul ! ou mieux, demandez à votre petite copine de s'y coller. Vous avez bien ça à la maison, n'est-ce pas ?

— C'est-à-dire…

— Eh ben, trouvez-en une !

Je ressortis de là complètement dégoûté. Le serment d'Hippocrate, la conscience professionnelle, la grande chaîne de la solidarité humaine… En quelques secondes ce sale type venait de tout piétiner. Eh bien, puisque personne ne voulait m'aider, j'allais combattre le mal par l'action collective. Une riposte de masse, voilà ce qu'il me fallait. Une riposte de classe et de masse. Les grands capitaines d'industrie eux-mêmes n'arrivaient pas à y résister, il ferait beau voir qu'une simple lotion…

Le soir venu, je couchai sur le papier une liste d'amis sûrs, avec une prudence d'agent secret. Léon, Isabelle, Arnaud, Luc, Florence, Patrice, Sophie, Alain, François, Églantine, Bruno, Laurette… J'en avais assez dans ma besace pour limiter l'intervention de chacun à environ une fois toutes les trois semaines, peut-être un peu moins si j'incluais mes parents dans le plan de bataille. Cela me paraissait un rythme raisonnable. Pour autant, ce roulement prophylactique ne m'enchantait guère, car je devrais expliquer à tous mon étrange situation, et demander à chacun de la garder secrète. C'était démultiplier les risques de fuite, surtout du côté des filles, naturellement enclines à pactiser avec Marie (il faut toujours se méfier des filles). Et puis il me faudrait sillonner

Paris en tous sens, jongler avec les emplois du temps des uns et des autres, négocier des créneaux horaires, gérer les annulations, régler mon réveil à pas d'heure et me ruiner en frais de teinturerie. En somme, je me préparais à vivre un enfer. Mais c'était cela ou laisser s'enfuir mon amour.

Ce fut cela, donc.

Et ce le fut en pure perte.

Quatre mois après le début du traitement, non seulement le minoxidil n'avait pas fait germer le moindre petit morceau de follicule sur mon vertex (c'est ainsi que nous, les spécialistes, nommons la partie supérieure du crâne humain), mais il n'était pas même parvenu à freiner la rétractation de ma chevelure. En revanche, il pouvait se vanter d'avoir accroché deux de mes amis à son tableau de chasse : Arnaud, qui m'avait fichu dehors sous prétexte que ce n'était pas son jour (alors qu'il était bel et bien du jeudi, je le confirme ici solennellement), et Isabelle, dont la robe de soie rouge avait été tachée par des éclaboussures, et qui, par voie de conséquence, ne m'adressait plus la parole[1].

---

1. Une telle mésaventure ne pourrait plus se produire aujourd'hui, car, me dit-on, le minoxidil s'applique désormais beaucoup plus facilement.

16.

Avant cet accident fatal, Isabelle avait sondé discrètement Marie, car cette affaire de chauvitude ne la convainquait pas tout à fait.

— Tu sais, quand on aime un homme, qu'il ait des cheveux ou pas…

Elle s'en était allée la trouver dans sa galerie, où venait de débuter l'accrochage des toiles, et avait lancé la conversation sur ma personne. Elle était sur le point d'attaquer la question de la coiffure lorsque Jacques Rivoire était arrivé, le crâne luisant comme un meuble ciré. Un verre de champagne à la main, tous trois avaient devisé quelques instants sur les nouvelles tendances de l'art contemporain, puis Rivoire s'était éclipsé pour téléphoner.

— Tu as de la chance de l'avoir trouvé.

— Tu parles ! En plus, il est super bien avec les journalistes, je vais avoir une presse d'enfer.

— En tout cas il est charmant. Et j'ai la nette impression que tu ne le laisses pas indifférent…

— Ah bon ?

— Ne me dis pas que tu n'as pas remarqué ! À un moment j'ai eu peur qu'il se jette à tes pieds devant moi, tellement il te mangeait du regard. Et, pour dire la vérité, je me demande si tu ne te serais pas laissé faire…

— Dis pas de conneries, Isa ! Mon homme, je l'ai déjà. Et puis, de toute façon, Jacques n'est pas mon style.

— Oh ! il est plutôt pas mal.

— Je dis pas le contraire, mais c'est pas mon genre de beauté, voilà tout.

— C'est sa coiffure qui te gêne ?

— Et aussi ses sandales, si tu veux tout savoir. Je suis plutôt mocassins, moi, ou alors carrément baskets.

Lorsque je lui téléphonai pour le débriefing, Isabelle tourna au moins un quart d'heure autour du pot avant d'oser m'avouer la vérité. À vrai dire, cet « et aussi ses sandales », qui ne laissait planer aucune ambiguïté et signait d'avance mon arrêt de mort, l'avait elle-même ébranlée, elle n'imaginait pas ça d'une fille comme Marie. Et elle compatissait très fort à mes angoisses.

— Il n'y a plus qu'à espérer que ta lotion fasse des miracles…

D'ailleurs, depuis que je les avais mis au courant, mes amis compatissaient tous très fort à mes angoisses. Les garçons, surtout, regardaient Marie d'un drôle d'œil, et je les suspectais de frictionner tous les matins leur propre chevelure au pétrole Hahn, afin d'être prêts, le moment venu, à prendre ma place dans son lit. Ces salauds-là n'attendraient même pas que mon cadavre soit froid.

Le fiasco du minoxidil ne me découragea pas. Dès le mois suivant, je tentai une nouvelle expérience avec de la cystine et de la vitamine B5, appliquées directement sur le crâne, cette fois. Pourquoi ce qui avait marché sur mes fesses ne fonctionnerait-il pas sur la tête ? Le dernier cri de la technique, appelé « mésothérapie », consistait à injecter le produit un peu partout sous le cuir chevelu au moyen de centaines de petites piqûres. Inutile de dire que ces séances hebdomadaires de torture chinoise me mettaient en joie, et que je les attendais avec une grande impatience. Cependant, contrairement à ce que prétendait l'hôpital Saint-Louis, elles ne se révélaient pas complètement inopérantes : j'en sortais le crâne tellement boursouflé et si constellé de plaques rouges, que, certains soirs, je n'osai pas rentrer à la maison avant que Marie ne soit couchée. En revanche, le traitement ne donna strictement aucun résultat du point de vue capillaire, preuve qu'on ne peut pas tout obtenir à la fois.

Les greffes ne furent pas plus efficaces, pour la bonne raison que je n'y eus pas recours. Lorsque je repense à ces années noires, je m'y vois tantôt comme une espèce de ludion à la Lewis Carroll zigzaguant sur une planète en forme de crâne, où les arbres sont des cheveux et les nuages des pommeaux de douche, tantôt comme un zébulon à nez rouge me cognant perpétuellement contre les murs de mon obsession. En réalité, je ne devais pas être si cinglé que cela, car la simple vision d'une photo de greffés suffit à me faire fuir à toutes jambes. Le médecin du XVIe arrondissement qui me présenta cette brochette sacrificielle immortalisée sur du papier glacé semblait pourtant fier de son œuvre. On y voyait de pauvres hères, dont le vide occipital avait été remplacé par une plantation de poireaux faméliques si rectiligne qu'elle aurait fait baver même un arpenteur. Les photos de l'arrière n'arrangeaient pas les choses. Manifestement, le déménagement des bandelettes de cuir chevelu (l'opération consistait à en prélever au voisinage de la nuque et à les réimplanter à l'avant) n'y avait pas été de tout repos, il laissait apparaître des cicatrices disgracieuses au cœur de la futaie, et parfois même de vraies clairières. En définitive, seul le haut du crâne de ces malheureux (l'endroit que personne ne regarde) était à peu près présentable. Officiellement, c'était par souci de confidentialité que leurs yeux avaient été masqués, mais, à mon avis, il s'agissait plutôt d'escamoter leurs larmes.

Eussé-je été malgré tout tenté par cette horreur, que je me serais heurté à d'insurmontables difficultés techniques. Dans le meilleur des cas, la greffe nécessitait deux jours d'hospitalisation, assortis d'une bonne semaine de cicatrisation hors la vue des voisins. Le procédé révolutionnaire consistant à glisser sous la peau une sorte de ballon de baudruche et à le gonfler petit à petit – afin, m'expliqua-t-on, d'étendre les surface chevelues – demandait plus de temps encore : si l'on ne voulait pas passer pour un extraterrestre auprès de son entourage, les médecins conseillaient de rester cloîtré chez soi pendant au moins trois semaines. Cette perspective était difficilement imaginable pour moi car, même en arguant d'une double dose de stress journalistique, j'eusse eu les pires difficultés à justifier devant Marie ma subite transformation en bonhomme Michelin.

(Je note que, depuis cette époque antique, les chirurgiens ont fait d'énormes progrès. Les meilleurs d'entre eux savent désormais transplanter les cheveux un par un et les replanter assez artistiquement pour éviter toute impression potagère. En un simple après-midi sous anesthésie locale, ils parviennent ainsi à déplacer plusieurs milliers de follicules, à la suite de quoi le patient peut s'en retourner chez lui comme si de rien n'était. En définitive, le seul point commun de ces microgreffes avec la boucherie d'antan est qu'elles sont, elles aussi, absolument hors de prix. Et impossible à utiliser pour les grands chauves, qui n'ont point assez de cheveux à se faire greffer.)

L'hiver était venu. Marie, qui ne prêtait aucune attention à mes contorsions, me proposa d'aller faire un peu de ski avec elle. Ses parents possédaient un minuscule appartement à Avoriaz, il aurait été bête de ne pas en profiter. Depuis le temps que je m'esquintais les genoux sur leurs bosses, les pistes rouges avaient fini par me rebuter. Mais, comme, en compensation, je trouvais un intérêt croissant aux chaises longues des restaurants d'altitude, l'affaire promettait d'être agréable. À peine chaussées nos planches, je m'aperçus d'ailleurs que mon aimée partageait mes conceptions sportives.

— Allons prendre une crêpe. On n'aura qu'à redescendre en télésiège…

Le troisième jour, alors que le grand air et l'apremont commençaient à faire plier l'échine à mes malheurs, nous fîmes halte sur une terrasse ensoleillée. Je flanquai mes gants sur la table et ôtai promptement mon bonnet, emportant au passage une bonne poignée de cheveux et laissant les autres dans un fol ébouriffement. Marie se pencha vers moi, et se mit à les examiner en fronçant les sourcils d'un air préoccupé.

— Dis donc, ils commencent vraiment à tomber.

— …

— Attends que je regarde… même à l'arrière… Si ça continue, tu seras bientôt tout à fait chauve.

— Tu… tu crois ?

— Je ne crois pas, je suis sûre. Bon, on se tape un vin chaud ?

Il m'en fallut trois avant de commencer à retrouver mes esprits. J'étais sous l'azur, au cœur de montagnes splendides, dans l'air cristallin du mont Blanc, mais j'avais l'impression que l'espace s'était subitement rétréci.

« Les femmes seront les égales des hommes le jour où elles accepteront d'être chauves et de trouver ça distingué. »

Coluche

17.

Au numéro 109 de la rue du Bac, à Paris, on pouvait, au début du XXe siècle, se procurer le remède miracle contre la calvitie.

Mise au point par un génial explorateur du nom de M. Grebert, cette potion garantissait même aux pires crânes d'œuf une repousse totale et définitive en un ou deux mois maximum. Quelle était sa composition ? M. Grebert a toujours refusé de le révéler. En revanche, ce bienfaiteur de l'humanité dégarnie n'a jamais fait d'histoires pour indiquer comment il s'y était pris pour se la procurer. Dans l'une de ses réclames, il raconte qu'étant lui-même devenu chauve il se rendit en Chine « chercher le secret qui permet aux habitants de ce pays de conserver de longues et admirables chevelures jusqu'à une vieillesse avancée ». Là-bas, il obtint du médecin de l'impératrice « un flacon du liquide dont se servent les Chinois pour parvenir à ce résultat. Il l'analysa par des méthodes qu'il a inventées, découvrit qu'il était constitué d'extraits de plantes exotiques, et le recomposa d'une façon exactement identique. À la suite de quoi, devant la colère du médecin impérial inquiet de voir un secret national à la merci d'un étranger, il quitta précipitamment la Chine. Aujourd'hui, compatissant aux maux dont il a souffert, il propose à tous les chauves sa lotion, contre la somme modique de 8 francs 85 en timbres ou mandat, à l'ordre de M. Grebert, 109, rue du Bac à Paris ».

J'étais encore tout secoué par l'affaire du ski lorsque, de retour à Paris, j'étais tombé sur cette annonce en feuilletant un vieux *Lecture pour tous* de 1906. Manifestement, après des millénaires de salades, les charlatans en avaient encore sous le pied, ils étaient prêts à raconter vraiment n'importe quoi pour plumer les déplumés. Grebert n'était d'ailleurs pas le seul à sévir dans mon opus jauni. Plusieurs autres envoyés du ciel y proposaient la lune aux calvites, et l'on avait une sacrée envie de les croire sur parole. Ce John Craven-Burleigh, par exemple. À l'entendre, il possédait lui aussi dans ses armoires de quoi reboiser tous les crânes austères de la planète, et peut-être même le désert d'Arabie. Cette fois c'était de Suisse que venait le remède miracle, et plus précisément d'un « vieux savant » qui avait « accepté de lui communiquer l'une de ses potions ». Étant lui-même sans le poil, Craven-Burleigh s'en était frictionné le crâne sur-le-champ.

Quarante jours plus tard, sa tête était entièrement recouverte de cheveux ! Mais oui ! « Pour se procurer ce remède étonnant, il suffit de s'adresser au 255, rue Saint-Honoré à Paris, premier étage au dessus de l'entresol », indique-t-il. Je m'y suis rendu par curiosité un après-midi de désœuvrement, mais je n'ai découvert nulle trace de lotion, pas même un reste d'odeur, et la concierge m'a assuré n'avoir jamais entendu parler d'un voyageur revenu de Suisse avec de la potion magique, elle s'en serait souvenue, peut-être ! John Craven-Burleigh est mort en emportant son secret dans la tombe.

Et, au numéro 38 de la rue de Clignancourt, pas l'ombre d'un repousse-poils non plus. C'est pourtant bien dans cette maison qu'à en croire *Lecture pour tous* on pouvait se procurer il y a un siècle la lotion révolutionnaire du pharmacien Déquéant, homme de génie parvenu à « isoler le microbe de la calvitie, le fameux Sébumbacille ». Quelques pages plus loin, plusieurs savants de renommée mondiale, « réunis au congrès international d'électrologie de Milan », piétinaient cette découverte et décrétaient dans leur réclame que l'unique remède contre la perte de cheveux était l'électricité.

Pour vous autres, je ne sais pas. Mais pour un obsédé comme moi, ces contes des *Mille et Une*

Nuits avaient quelque chose d'excitant. Et si l'un d'entre eux cachait un vrai remède dans les plis de ses sornettes ? La probabilité en était lilliputienne, je veux bien l'admettre, mais elle n'était pas nulle, dans la vie les probabilités ne sont jamais complètement nulles et les angles rarement complètement droits. Et puis, qu'avais-je à perdre dans l'histoire ? En cinq ans de lutte au couteau contre la petite faux, j'avais exploré toutes les voies de la médecine authentique, et je n'en avais tiré que souffrances et désillusions. Il était temps de suivre d'autres chemins.

Je filai au kiosque du coin, y raflai un tas de journaux populaires, et me mis à en dépouiller les publicités capillaires avec avidité. Quelques minutes me suffirent pour constater que les camelots de la mèche n'avaient rien perdu de leur superbe. Les histoires de Chine et de Sébumbacille n'abusant plus personne (avec la télé, les gens sont informés), la plupart avaient modernisé le baratin, il y était désormais question d'éléments nutritifs, d'acide silicique, de compléments minéraux millidosés, de zinc, de fer, de réducteurs de di-hydrotestostérone, de biotechnologie cosmétique, de principes actifs, de composés bisoufrés testés en laboratoires, d'hydrolisat de collagène de poisson et de fonction oxygénatrice régénérante, le tout vendu en gélules, attesté par des études internationales incontestables, mais néanmoins torpillé par la médecine officielle, à la solde des multinationales pharmaceutiques américaines, comme on sait.

La plupart de ces marchands de repousse possédaient une adresse à l'étranger, beaucoup venaient de Belgique ou de Roumanie, un docteur israélien proposait un traitement avec des sels minéraux de la mer Morte (mer Morte = cheveux vivants) et plusieurs laboratoires hongrois insistaient sur le caractère fortement vasodilatateur du paprika en pommade. Lequel choisir ? À la vérité, ces poudres de perlimpinpin ne me faisaient guère saliver. Quitte à voyager dans l'irrationnel, je préférais opter pour une destination exotique, un truc vraiment déjanté qui me ferait poiler à tous les sens du terme. Puisque aussi bien les chances de succès étaient infimes… Je commençais à désespérer des bateleurs lorsque mes yeux tombèrent sur l'encart suivant, discrètement inséré en bas de page dans un quotidien du matin :

INSTITUT CAPILLOMACHIQUE DU RANELAGH

L'alopécie andro-génétique, maladie complexe, ne peut être vaincue que par un procédé complexe. Notre traitement, mis au point par le professeur Van den Bernett, de l'université de Gand (Belgique), repose sur la combinaison de

trois techniques complémentaires : l'application d'une pommade à la di-hexapalmine-triphosphorée (molécule brevetée), l'impact physio-sensoriel des ultrasons et l'effet surgénérateur de l'hypnose. Ce triptyque de guérison est aujourd'hui considéré par de nombreux scientifiques comme la principale innovation en matière de lutte contre la calvitie. Son taux de réussite, attesté par plusieurs études internationales (fourniture sur demande), dépasse les 90 %.

Pour tous renseignements, prière d'écrire ou de se présenter au 100 rue du Ranelagh, Paris XVIe.

C'était exactement ce qu'il me fallait.

18.

Dès la salle d'attente, l'Institut capillomachique du Ranelagh affichait une écrasante supériorité sur les hôpitaux de l'Assistance publique. Les chaises en plastique bleu pétard y étaient remplacées par des fauteuils Louis XV, les affiches sur la prophylaxie tuberculinique, par des toiles de petits maîtres flamands, et aucun excité à cheveux triangulaires ne pointait dans les parages, pour la bonne raison que j'étais seul en ces lieux. L'homme en habit de majordome qui m'avait ouvert la porte m'avait assuré que l'attente ne serait pas longue et j'espérais bien qu'il ne me trompait pas, Marie comptait sur moi pour le dernier Woody Allen, je n'avais aucune envie de lui faire rater la séance. Depuis plusieurs semaines, j'avais l'impression que quelque chose avait changé entre nous. Son rire faisait moins chanter la maison. Elle était plus irritable. Il lui arrivait même de disparaître des journées entières sans me fournir la moindre explication. Était-ce le début de ma disgrâce ? Je n'étais pas encore vraiment anxieux, mais j'avais quand même activé à tout hasard un plan défensif. Quelles que soient les circonstances, j'affichais une bonne humeur du tonnerre, je me gardais de faire des reproches à mon aimée même quand elle était dans son tort, et je lui massais les pieds pendant des heures en fredonnant ses tubes préférés de Michel Delpech. Ordinairement, pareille stratégie suffit à dissuader n'importe quelle jeune femme bien élevée de prendre la poudre d'escampette. Mais, face aux grands ciseaux de la nature, rien ne me garantissait que le coup serait gagnant.

Trois minutes plus tard, une femme vêtue d'une longue robe noire vint me chercher. Elle avait le regard si austère et le profil tellement coupant que je sentis un frisson me parcourir la colonne vertébrale, on aurait dit une gouvernante anglaise sortie d'un livre d'Emily Brontë. Elle me conduisit d'un pas traînant le long d'un interminable couloir, poussa une porte marquée « salle d'intervention » et m'introduisit dans une vaste pièce recouverte de moquette mauve. L'odeur de cannelle y était si puissante qu'elle devait imprégner les murs jusqu'au plus profond de la pierre, j'eus pratiquement l'impression de pénétrer dans un *apple pie*. Au centre trônait une espèce de fauteuil de dentiste couronné d'un dispositif bizarre en forme de demi-sphère, qui tenait à la fois du casque à pointe et du transpondeur intergalactique. Des enceintes Cabasse, probablement branchées en quadriphonie, diffusaient le troisième mouvement du cinquième concerto de violon de Mozart, et je reconnus tout de suite l'interprétation de Yehudi Menuhin, la meilleure à mon avis. De toute évidence, j'étais tombé dans une bonne maison.

— Vous avez frappé à la bonne porte !

Il était debout à l'autre bout de la pièce, un petit homme d'une soixantaine d'années, avec un sourire énigmatique et des yeux extraordinairement mobiles. Son sari vert pomme était de la couleur des murs, cela expliquait sans doute que je ne l'ai pas aperçu au premier abord, c'était le camouflage classique des grenouilles tropicales. Il s'approcha de moi, et me tendit une main molle et moite.

— Guy-Georges Delvigne. Je suis l'assistant du professeur Van den Bernett.

— Désolé, je ne vous...

— Ne vous excusez pas. Si vous ne m'avez pas vu, c'est que je me tenais dans la sphère du masqué... Je reçois toujours mes patients dans la sphère du masqué pour les mettre en condition... Voyez-vous, jeune homme, dans notre monde, tout est apparence... la vision que l'on a de l'autre... la vision que l'autre a de nous... la vision que nous avons de nous-même… apparence et cosmétique, rien de plus… Et ne me parlez pas de la beauté intérieure ! La beauté intérieure est une impasse où se perdent les sots !

Il enfila une blouse blanche, une paire de gants en latex et compléta son uniforme avec une casquette en papier aseptisée. Il ne lui manquait plus qu'une infirmière rebondie à rudoyer, et il aurait eu l'air d'un vrai chirurgien cardio-vasculaire.

— Oui, vous avez frappé à la bonne porte, et je dirais, au bon moment. Je vois que vous n'êtes pas encore chauve mais que vous en prenez tout droit le chemin. Laissez-moi examiner un peu votre vertex. Hmm… Parfait ! C'est dans cette configuration que notre tryptique de guérison est le plus efficace.

— J'ai lu que vous obteniez 90 % de réussite.

— 91,9 % au dernier pointage ! Personne, à ma connaissance, n'a jamais aligné de tels chiffres dans le traitement de l'alopécie. Vous allez vite comprendre que cela n'a rien d'étonnant…

Il me fit asseoir dans le fauteuil et se dirigea vers une espèce d'alambic rempli d'une substance noirâtre, qui laissait remonter de temps à autre une grosse bulle à la surface. Il manipula une petite vanne, et le liquide commença à s'écouler dans un récipient de verre. À en juger par la vitesse de transvasement, ce truc devait être encore plus poisseux que du miel.

— C'est de la di-hexapalmine-triphosphorée. Inutile de chercher à vous en procurer ailleurs, nous en possédons le brevet exclusif. Bien entendu, plusieurs multinationales pharmaceutiques allemandes et américaines ont cherché à nous l'acheter à prix d'or, ces chacals sont prêts à tout pour imposer leur domination, mais le professeur Van den Bernett les a renvoyées à leurs tubes à essai. Nous n'avons que faire de l'argent.

Tout en parlant, il agitait la mixture à l'aide d'une spatule pour éviter qu'elle ne fige et y ajoutait de temps à autre une poudre blanche, qui n'était certainement pas du sucre. L'odeur de cannelle devenait de plus en plus forte, et je ne pus réprimer une crise d'éternuements.

— Ça prend un peu à la gorge, hein ? Il faudra vous y faire. Avez-vous seulement une idée des souffrances qu'ont endurées les hommes depuis des millénaires pour tenter de faire repousser leurs cheveux ? Ils ont étalé à peu près n'importe quoi sur leur tête, de la graisse d'hippopotame, de l'œuf pourri, du piment broyé, de la bouse de vache, de l'urine de chien, du soufre pur ou coupé avec je ne sais quoi, ils se sont frottés jusqu'au sang avec des brosses de chiendent, ils ont livré leur crâne aux araignées, à l'huile bouillante, à d'effroyables pompes aspirantes censées augmenter les flux sanguins, et même à des décharges électriques assez puissantes pour réveiller un mort. Alors, une petite odeur de cannelle…

— Excusez-moi. Ce n'est rien.

— Le plus incroyable, c'est que, dans tout ce bazar, les savants n'aient jamais eu l'idée d'aller chercher du côté des oursins. Il faut croire qu'ils avaient les paupières cousues, car, enfin, avez-vous déjà vu un oursin sans piquants ?

— Heu… je ne crois pas me souvenir, non…

— C'est normal, ces bêtes-là ne sont jamais chauves. Jamais ! Eh bien, figurez-vous que le professeur Van den Bernett a été le premier à essayer de comprendre pourquoi. On peut dire qu'il a tapé juste car, après des années de travail, il est parvenu à isoler les dérivés enzymatiques spécifiques qui *immunisent* ces animaux contre la calvitie. Ce sont eux que vous voyez sortir en ce moment de cet alambic.

— Mais les piquants ne sont pas des cheveux !

— Exact ! Mais ils ont une structure organique à peu près comparable, et ils réagissent pareillement aux stimuli externes. Naturellement, notre composé contient d'autres ingrédients, des alpha-oxydants, des nutriments et pas mal de cannelle, comme vous l'avez remarqué. Pour lier le tout, nous ajoutons de la résine de pin d'Alep, vous voyez, je vous dévoile presque tous nos secrets… Bon, c'est prêt ! Nous allons pouvoir procéder aux opérations d'étalement.

Plus les minutes passaient, plus j'avais l'impression d'être tombé dans une maison de fous. Je commençais à me demander si je n'allais pas me retrouver avec des piquants d'oursin plantés sur la tête. Je n'avais aucune expérience de la chose, mais j'étais à peu près persuadé que Marie n'apprécierait guère la plaisanterie, sans parler des risques de me blesser en me shampouinant le matin, et des oreillers troués à remplacer tous les deux jours. Mais, après tout, j'avais choisi de prendre des risques, il n'était plus temps de reculer.

Les « opérations d'étalement » ne furent pas une partie de plaisir, car la dihexamachinchose se révéla être aussi collante que du goudron. Comment mon homme-grenouille parviendrait-il à l'extirper de mes cheveux une fois le traitement terminé, je n'osais même pas le demander tant la réponse me terrifiait. Mon tourmenteur devait lire dans mes pensées comme le médecin de Saint-Louis, car il tint de lui-même à me rassurer.

— Ne vous inquiétez pas pour les opérations de décollage, elles se dérouleront sous hypnose. Vous ne sentirez rien.

Une fois mon crâne asphalté, il y plaqua le casque à ultrasons et le verrouilla solidement. Il s'agissait, m'expliqua-t-il, d'augmenter par « instillation sonore » le diamètre de mes pores et de faciliter ainsi la pénétration de la di-hexapalmine-triphosphorée. Lorsque, trois minutes plus tard, il débrancha son bidule et que l'épouvantable biiiiiip cessa de me broyer le cerveau, j'eus le sentiment d'être passé à un cheveu de la crise cardiaque. Delvigne, lui, avait l'air satisfait du résultat. Il pressa sur un bouton d'appel et, quelques instants plus tard, la gouvernante anglaise entra. Elle avait l'air encore plus sinistre qu'à mon arrivée.

— Madame Gicquel, je vous laisse avec ce jeune homme.

Un instant, j'eus l'idée de me sauver à toutes jambes. Mais j'avais quand même déboursé l'équivalent d'un demi-mois de salaire pour me trouver ici, et mon crâne était recouvert d'une galette de résine noire quasiment indécollable, cela valait tous les fils à la patte. Pendant près d'une demi-heure, Mme Gicquel s'escrima à me faire passer de l'autre côté des songes, faisant aller un pendule devant mon visage comme au music-hall, plantant ses yeux de serpent en plein dans mes iris, et répétant jusqu'à la nausée que mes paupières étaient lourdes et mon corps engourdi, alors qu'en réalité ils ne l'étaient pas du tout. Comme elle le soupira au retour de Delvigne, je n'étais « pas un sujet réceptif ».

Il tourna vers moi un regard désolé.

— C'est bien dommage, car le passage en phase hypnotique est un élément clé de notre traitement. Sans l'aide de l'inconscient, l'assimilation des principes actifs qui pénètrent en ce moment sous votre crâne est en effet moins complète et moins profonde. Les quelques échecs que nous avons à déplorer concernent d'ailleurs tous des sujets réfractaires à l'hypnose. Cela ne veut pas dire que l'opération ne donnera pas de résultats chez vous. Simplement, les chances de succès seront un peu plus faibles.

Le reste de la séance fut une torture. Il fallut près de vingt minutes à Delvigne pour décaper la croûte de cannelle qu'il m'avait sécotinée sur la tête, mon crâne étant, paraît-il, « sous-hydraté » et, de ce fait, lui-même « non réceptif » au traitement.

« Prenez trois cents limaces et les tirez hors de leur coquille et les faites longuement bouillir en eau, puis les tirez de ladite eau, puis prenez de la graisse qui sera dessus et les mettez en un pot verni. Puis ayez de l'eau demi-pinte où soit bouillie de la feuille de laurier et jetez dessus ladite graisse et aussi mettez trois cuillerées d'huile d'olive et une cuillerée de miel, un scrupule de safran et un peu de savon vénitien et une cuillerée de cumin concassé et le tout faites bouillir. Et telle médecine gardez nettement et en oignez souvent la tête. Vous verrez de jour en jour cheveux et poils croître et multiplier. »

André Le Fournier, médecin régent
de la Faculté de médecine
sous François Ier, 1541

19.

Quand j'arrivai au rendez vous, le Woody Allen avait commencé depuis une bonne demi-heure et Marie terminait de régler son compte au trottoir à coups de talons aiguilles. Elle était d'une humeur de harpie.

— Qu'est-ce que tu as fait à tes cheveux ?

— À mes cheveux ? Mais... rien !

— Alors, c'est qu'ils se sont passés tout seuls à la teinture brune. Je suppose qu'ils en avaient assez d'être blonds, après tout ils sont libres.

Horreur ! Dans ma précipitation, je n'avais même pas pris le temps de jeter un coup d'œil dans le miroir pour constater l'ampleur des dégâts. L'oursinade avait dû déteindre.

— Enfin, quand je parle de tes cheveux, je devrais dire ce qu'il en reste. J'ai l'impression que tu en as perdu à peu près la moitié depuis ce matin. Mais j'imagine que, ça non plus, tu n'as aucune idée de comment ça s'est produit.

Les salopards ! Pas étonnant qu'ils m'aient fait souffrir le martyre en enlevant leur infection.

— Je me suis battu.

— Hein ?

— À Richelieu-Drouot. Contre une bande de loubards. Ils cherchaient des noises à une fille, alors je suis intervenu.

— C'est pas vrai ? !

— Ça n'a pas dû durer plus de quelques secondes, mais je t'assure que ça a été violent. À un moment j'ai cru qu'ils allaient me balancer sur la voie !

— Non ! Et il n'y avait personne pour t'aider ?

— Tu parles ! Plein de mecs au contraire ! Mais pas un seul qui ait le courage d'intervenir, tu sais dans quel monde on vit.

— Et le noir sur tes cheveux ?

— Ils avaient des bombes à tag. Ils m'en ont aspergé le crâne juste avant de décamper.

J'ignore si Marie crut à cette fable, mais le fait est qu'elle redevint presque charmante après l'avoir gobée. Nous nous réconfortâmes au sancerre blanc dans un bar branché de la Madeleine, et j'en profitai pour aller faire un brin de causette au miroir des toilettes. Quel spectacle ! Je n'avais pas perdu la moitié de mes mèches dans la bataille, il ne fallait pas exagérer, mais peut-être bien une sur cinq, et cela faisait du vide, vous pouvez me croire. Quant à la teinture, elle était comme qui dirait complètement ratée. Du front à la nuque, ma chevelure blonde était salie de dizaines de tâches brunâtres, et cela ne me donnait même pas l'air d'un grand fauve.

Les salopards.

De retour à la maison, je décrétai un cessez-le-feu unilatéral immédiat. J'avais tout essayé ou presque, les piqûres, les onguents, la magie noire, l'autopersuasion, l'attaque frontale, le recul stratégique et même les armes chimiques, et je n'avais pas obtenu le moindre petit brin de victoire. Il fallait me rendre à l'évidence : l'ennemi était beaucoup plus fort que moi. Pendant les semaines qui suivirent, je me laissai aller à mon échec, les bras ballants et l'âme à la dérive. Marie, elle, sortait peu à peu du bois, elle multipliait les allusions sur la montée en puissance de ma calvitie et passait régulièrement la main dans mes cheveux pour contrôler l'avancée de la bête immonde. Je savais que je courais tout droit à la catastrophe, le toit de la maison allait me tomber sur la tête, mais je ne pouvais rien y faire, j'étais comme un bigorneau sur un plateau de fruits de mer, attendant, immobile, que le piquant du dîneur lui perce les entrailles.

J'exagère. En réalité, j'usai encore d'un dernier stratagème pour tenter de retarder l'échéance : je ramenais la banlieue sur Paris. Par temps calme, et lorsque la lumière n'était pas trop crue, cette vieille astuce, qui consiste à faire venir ses mèches arrière sur l'avant, me permettait de cacher une partie de mon désastre frontal. En revanche, dès qu'une brise légère se levait, j'étais immédiatement démasqué, au sens propre du terme. Les calvites précoces, qui usent presque tous de ce procédé un peu piteux, savent les sacrifices qu'il exige. Il faut éviter les gestes brusques, ne jamais courir dans les escaliers, renoncer à toute forme de sport (à l'exception, peut-être, du curling), se limiter aux slows dans les soirées, abandonner le cerf-volant et, bien sûr, refuser tout net les voyages en hélicoptère. Valéry Giscard d'Estaing, qui, du temps qu'il officiait à l'Élysée, avait lui aussi recours à cette ficelle misérable, s'interdisait de monter dans ces machines du diable. Et, lorsqu'il ne pouvait se défiler sans créer d'incident diplomatique, il attendait que les pales de l'appareil soient immobilisées et les remous tout à fait dissipés pour pointer le crâne hors de la carlingue. Les éminences internationales qui le recevaient sur leurs terres en étaient quittes pour attendre devant le tapis rouge.

Mais le principal défaut de cette singerie réside évidemment dans son caractère temporaire. Lorsque les trous de l'avant deviennent des gouffres, et que les mèches de l'arrière n'ont plus assez de vigueur, il arrive toujours un moment où il faut leur faire lever le camp. On passe ainsi du jour au lendemain du statut peu enviable de faux-cul dégarni à celui, plus terrible encore, de chauve assumé. Ah ! l'horrible matinée où, pour la première fois de sa vie, on doit se coiffer en arrière ! Ah ! l'affreuse journée où il faut affronter en première mondiale le regard compatissant des copains, le reflet déprimant des miroirs et les gloussements de la concierge ! J'avais espéré pouvoir reculer au moins jusqu'à l'année suivante cet *outing* capillaire. Mais les dégâts collatéraux infligés par le spadassin du professeur Van den Bernett avaient remis en question ce calendrier, et je sentais s'approcher à grandes enjambées le moment crucial. Au journal, lors des bouclages un peu chauds (et un peu arrosés), mes confrères hésitaient de moins en moins à tourner en dérision mes opérations de camouflage, et il suffisait désormais d'un souffle insignifiant pour lever le rideau sur mon théâtre vide. Quant à Marie, si elle n'abordait jamais la question, elle était évidemment la dernière à être dupe de mon déguisement, ne serait-ce que parce qu'elle me voyait faire l'amour. Je ne l'avais pas dit ? Pour jouer à cache-cache avec sa calvitie, il faut aussi éviter les transports explosifs.

Je finis par passer à l'acte un matin de novembre. Il faisait un froid de canard, la pluie n'en finissait pas de tomber depuis la veille, et, à en croire les prévisions de Météo France, le week-end s'annonçait pire encore. En somme tout allait mal, il fallait en profiter. Comme je l'avais prévu, le coiffeur de la rue Caulaincourt à qui j'avais confié la tâche de raccourcir mes rameaux arrière et de me libérer l'occiput m'assura la main sur le cœur que j'étais « bien mieux comme ça ». Cela ne m'empêcha pas d'avoir un haut-le-cœur en me regardant dans la glace, et un tressaillement d'angoisse quelques minutes plus tard, lorsque je poussai la porte du journal. J'y fus accueilli par un concert de « t'es bien mieux comme ça ! » à faire pleurer d'émotion, ce sympathique unisson masquant cependant une grande diversité d'interprétations. Il y avait ceux qui secouaient la main en signe d'admiration afin de donner le change, ceux qui ouvraient des yeux exorbités pour faire plus vrai, ceux qui prenaient une expression de tragédien parce qu'on ne sait jamais, ceux qui faisaient semblant de m'envier ma coiffure superbranchée, celles, enfin, qui disaient leur texte avec tellement de conviction qu'on se demandait bien pourquoi elles ne me proposaient pas séance tenante de faire l'amour avec elles. Mon entrée dans le monde des chauves s'annonçait fracassante.

Mon entrée à la maison le fut un peu moins. J'y retrouvais Marie assise à la cuisine, devant une bouteille de vodka. Ce n'était pas son habitude de sortir ce genre d'artillerie, surtout à huit heures du soir, et je vis tout de suite qu'elle arborait sa mine des mauvais jours. Elle leva lentement ses yeux vers moi, inspecta un instant mon nouveau faciès avec un regard vide et dégoupilla sa mine antipersonnel :

— Je te quitte.

« Quand les chauves meurent, les regrets en font des têtes bouclées. »

Proverbe kurde

20.

Pendant un instant, je fus presque soulagé. C'était la première fois depuis trois ans qu'aucune épée de Damoclès n'était plus suspendue au-dessus de ma tête, et j'en ressentis une incroyable sensation de légèreté. J'allais enfin pouvoir dormir tranquille ! Il me fallut plusieurs secondes pour réaliser que l'épée en question était fichée jusqu'à la garde dans mon corps et que ce n'était pas forcément une position plus confortable. Je m'assis en face de Marie et me servis une rasade de vodka à étouffer un cosaque.

Ainsi, j'y étais.

Ainsi ce que j'avais redouté pendant des années se produisait, exactement comme je l'avais imaginé, à l'instant précis où je l'avais imaginé. Marie me quittait. Cela faisait à peine une minute qu'elle me l'avait appris et je sentais déjà les forces de la destruction faire leur œuvre dans mes entrailles, cela promettait pour la suite du voyage.

Ainsi j'allais devoir vivre sans elle, dormir sans elle, prendre mon café le matin sans elle, aller aux corridas sans elle. Mon aimée s'arrachait de moi, elle courait vers un autre avec ses robes claires. Bientôt, elle oublierait jusqu'à mon souvenir, son ombre seule me poursuivrait dans mes rêves.

Ainsi ma hantise capillaire n'était pas un fantasme paranoïaque, comme avait tenté de me le faire croire Léon. Nous vivions dans un monde où la simple défoliation d'un crâne pouvait bel et bien faire la peau d'un amour, et d'un grand amour, car Marie et moi nous nous étions adorés comme des enfants.

Ainsi mes efforts pour sortir de la nasse n'avaient servi à rien. J'avais eu beau lutter, prier, espérer, me contorsionner, le destin s'accomplissait comme il le devait, en me riant au nez.

Ainsi, en plus du chagrin de la rupture, j'allais devoir digérer le venin de l'échec. Car j'avais désormais la certitude de ne jamais retrouver d'amour vrai, puisque les amours vraies étaient laminées par la calvitie. En me quittant, mon aimée me condamnait à la solitude éternelle.

Ainsi la vie était une saleté, une machine réglée au millimètre pour nous faire du mal. Marie n'avait rien d'une méchante fille : elle était un petit morceau d'engrenage dans lequel j'avais passé la tête, et qui allait lentement me broyer.

Je me mis à torturer un morceau de mie de pain qui traînait sur la table. Il n'y avait pas de raison que je sois le seul à souffrir.

— Je suppose qu'il n'y a rien à dire.

— Je peux t'expliquer, si tu veux…

— Pas la peine.

— En tout cas, sache que…

Elle tourna brusquement la tête pour me cacher les gouttes d'eau qui perlaient dans ses yeux.

— … sache que je n'ai rien à te reprocher. Rien du tout. C'est vrai que ça n'allait plus trop fort entre nous ces derniers mois, mais nous avons passé trois ans formidables…

— … formidables…

— … oui, formidables. J'ai été heureuse avec toi comme avec aucun homme, jusqu'à ce que…

— … jusqu'à ce que tu en rencontres un moins « désertique », j'imagine. C'est comme ça que tu dis, n'est-ce pas ?

— Je ne sais pas… Mais… Mais comment sais-tu ? Je ne t'ai jamais rien montré, il me semble.

— Disons que je me suis débrouillé pour comprendre tout seul.

— Ah… Et depuis longtemps ?

— Pratiquement depuis le début.

— Je suis désolée.

Des larmes coulaient le long de ses joues, j'avais l'impression que c'était moi qui l'abandonnais sur le bord de la route comme un épagneul. Je l'embrassai sur la joue, enfilai mon pardessus et sortis précipitamment.

— Je prends les clés de la Fiat !

Ce qu'il y a de magique avec le boulevard périphérique, c'est qu'il ne mène nulle part. Il a beau aligner quatre voies prétentieuses et des panneaux grands comme des tables de ping-pong, il ne fait jamais que tourner en rond, un peu comme nos existences. Je me suis souvent demandé combien d'automobilistes l'empruntaient chaque jour juste pour en faire le tour. Si l'on additionne les virés du boulot, les paumés de la vie et les chauves en déshérence, il doit sûrement s'en trouver des centaines. La mairie de Paris devrait faire quelque chose, car cela accroît les embouteillages en pure perte, sans parler de l'effet de serre.

Au troisième tour, le réservoir de la Fiat commença à donner des signes de faiblesse, et j'enfilai la sortie « Porte de la Villette ». La pluie n'avait pas cessé depuis le matin, elle brouillait les affiches lumineuses et changeait les pavés en miroir obscurs. Le thermomètre extérieur de la voiture indiquait 3 °C, il ne devait pas faire tellement plus chaud dans mon cœur. Je remontai lentement la rue de Flandre, traversai le carrefour Jaurès et trouvai une excellente place au début de la rue Lafayette, preuve qu'il ne faut jamais désespérer complètement de l'existence.

Le nouvel appartement de Léon donnait sur le canal Saint-Martin, mais, comme il était au premier étage, les risques de grosse bêtise restaient limités. C'est le genre de détails auxquels on ne prête pas toujours attention lorsqu'on est en chute libre, et ensuite il est trop tard pour réparer les dégâts. Léon me prit dans ses bras et me serra longtemps, il savait de quoi il retournait, ses propres affaires féminines se terminaient toutes en cul de sac.

— Pauvre vieux…

Je passai la journée du lendemain prostré sur le canapé. Léon me téléphonait toutes les heures pour savoir si je tenais le coup, c'était un vrai ami. Avant de partir au boulot, il était descendu chez l'épicier faire des provisions de chips et de Babybel, auxquels il avait adjoint une bouteille de cognac, à ouvrir en cas de pépin.

Lorsqu'il rentra le soir, je le reconnus à peine. Il était au comble de l'excitation.

— Salut Léon. Tu as passé une bonne journée ?

— Très instructive en tout cas ! Dis-moi, si tu apprenais que Marie ne te quitte pas pour ta calvitie mais pour de toutes autres raisons, tu serais moins démoii ?

— Je ne sais pas. Peut-être. Tu vois, en plus de la tristesse, ce qui me fait mal aux tripes, c'est le sentiment d'injustice. Une histoire de cheveux à laquelle je ne peux rien, rien du tout, tu comprends ? C'est comme si on décidait, je ne sais pas, moi, de donner le droit de vote uniquement aux nez en trompette, ou d'interdire les voies sur berges aux bouclés. Personne ne pourrait accepter ça.

— Donc, si tu apprenais…

— … et si j'étais empereur du Mexique, j'aurais un carrosse doré ! Arrête, Léon. On sait parfaitement toi et moi pourquoi elle m'a quitté. Ça ne sert à rien de ressasser.

— Elle est avec Rivoire.

— Pardon ?

— Jacques Rivoire. Ça fait plus de deux mois qu'elle est avec lui. Il a annoncé hier soir à sa femme qu'il la quittait.

— Hein ? ! Arrête de déconner, c'est vraiment pas le moment…

— Ils vont s'installer ensemble dès cette semaine.

— Écoute, c'est tout simplement impossible. Rivoire est encore plus chauve que moi. Tu as dû te mélanger les pinceaux dans les noms, comme d'habitude.

— C'est pourtant bien lui, mon vieux. Aussi sûr que je m'appelle Léon. Marie m'a appelé tout à l'heure pour avoir de tes nouvelles. Nous avons pris un café et elle m'a tout raconté. D'ailleurs elle pense que tu es au courant, je te le signale au passage.

— Hein ? !

— Il paraît que tu lui as dit hier que tu savais tout depuis le début.

Rivoire… C'était à ne pas croire. Je me levai comme un automate, ouvris la fenêtre et m'accoudai à la rambarde. Le canal était paisible. Un couple d'amoureux se bécotait derrière un arbre, sous le regard attendri d'une vieille dame. Des gosses en maillot brésilien tapaient dans une balle en piaillant. La vie était drôle, certains soirs.

« Un homme chauve marchait et il rencontre une belle jeune fille à cheval, dont la chevelure est voilée. Il décide de l'aborder pour la demander en mariage :

— Veux-tu m'épouser ?

— Oui, je le veux.

— Avant cela, puis-je voir tes cheveux afin que j'apprécie ta beauté dans son intégralité ?

— Non, car, en fait, je suis chauve.

— Euh... Eh bien, dans ce cas, je retire ma demande.

Il reprend son chemin et la jeune femme l'interpelle :

— Dommage pour toi. En fait, je ne suis pas chauve, j'ai juste voulu savoir si tu pouvais accepter quelqu'un qui te ressemble. »

Fable philosophique

21.

Noël approchait à grands pas. Les retardataires du sapin se pressaient dans les magasins ; ils virevoltaient d'un rayon à l'autre, apostrophaient les vendeurs avec impatience et finissaient par prendre n'importe quoi, de peur de se retrouver les mains vides. Depuis un mois, l'Obligation Générale de Bonheur, qui s'appliquait toujours dans le pays à pareille époque, paraissait encore plus impérieuse qu'à l'ordinaire. Partout le sourire était de rigueur, les présentateurs de télé annonçaient les massacres d'enfants avec des yeux rieurs, les concierges ne jouaient plus du balai pour chasser les saligauds qui n'essuient pas leurs pieds, et les déprimés se terraient dans leur tanière de peur d'être démasqués. Il s'agissait de fêter dans la joie la naissance du Petit Jésus, il y avait de cela pas loin de deux mille ans.

J'étais resté quelques jours en pension chez Léon, le temps pour Marie de lever le camp avec son galeriste, puis je m'en étais retourné à Montmartre. Elle avait laissé des traces partout, son odeur imprégnait les coussins, la salle de bains débordait d'onguents oubliés, et j'avais déniché une empreinte de ses mains sur la vitre de feu notre chambre. Après une délibération intérieure plutôt musclée, je m'étais décidé à l'effacer d'un coup d'éponge. Ainsi meurent vraiment les amours.

Il me fallut plusieurs jours pour recouvrer mes esprits. En à peine vingt-quatre heures, toutes mes constructions mentales s'étaient effondrées sur elles-mêmes, et bon nombre de mes certitudes gisaient dans les décombres. Privé de ses références, mon cerveau était entré dans une telle purée de pois que j'avais fini par m'y égarer moi-même. Je donnai rendez-vous à Marie dans un café de la République. Je voulais lui remettre ses flacons de parfum et tenter d'éclaircir avec elle la situation. Lorsque je lui contai mes angoisses capillaires, elle ne put réprimer un sourire.

— Excuse-moi, mais c'est tellement inattendu comme révélation. Jamais je n'aurais imaginé que tu puisses t'inquiéter ainsi pour tes cheveux. Tes cheveux… Tu es très bien avec, tu seras très bien sans, voilà tout. Crois-tu que les femmes font vraiment attention à ça ? Regarde, moi par exemple, je…

Elle s'interrompit juste avant la gaffe. Nous avions pris garde de ne pas prononcer le nom de Rivoire, il ne s'agissait pas de le lâcher par inadvertance. Elle termina son Perrier rondelle en fixant le comptoir d'un air absent.

— Et j'ai dit quoi, au juste, de Fabius ?

— Qu'il était « désertique » et « aride » comme un « citron sec ». Je te cite textuellement.

— Eh ben, j'avais vu juste, non ? Tu as aperçu la moindre trace de fantaisie dans son cerveau, toi ? La moindre once de poésie dans ses yeux ? Franchement, te connaissant, ça m'étonnerait que tu aies envie de passer tes vacances avec un mec pareil !

Je sortis de là sonné comme un boxeur. Un type assez obsédé par ses cheveux pour confondre absence de fantaisie et calvitie précoce avait de grandes chances d'être admis à l'asile de fous avec un laissez-passer spécial.

Il fallait se rendre à l'évidence, cela faisait dix ans que je cuisinais à côté de la plaque. Dix ans que je me laissais gouverner par une niaiserie d'adolescent. Où étais-je allé pêcher que ces histoires de kératine, de tonsure et de testostérone pouvaient conditionner le bonheur des hommes ? Dans le verbiage grotesque d'un charlatan déguisé en grenouille tropicale ? Sur la tête triste de Boulaz ? Entre les mains stupides de Marielle ? Ou tout simplement au tréfonds de moi-même, dans la mare vénéneuse où pataugent nos démons ?

Je me mis à marcher au hasard, le long des rues festonnées de guirlandes. Les vitrines chamarrées dansaient dans un clignotement multicolore. Des pères Noël appointés par les grands magasins posaient pour la photo devant des enfants médusés. Des femmes ravissantes s'engouffraient dans les bouches de métro en savourant d'odorants cornets de marrons grillés. La vie coulait dans cette ville. J'étais triste d'avoir perdu mon amour, ravagé, déjà, par la douleur de l'absence, mais la vie coulait autour de moi. Peu à peu, je sentis mon sang revenir dans mes veines. Marie avait raison, tout le monde se fichait des cheveux. Les cheveux n'avaient aucune importance. C'était l'amour le plus fort.

Je marchai jusqu'à la tour Eiffel. À cette heure, il n'y avait plus guère de touristes à ses pieds. Je m'assis en tailleur sous ses trois cent vingt mètres de fonte, juste au centre des piliers, et me mis à pleurer doucement. C'était l'amour le plus fort.

J'allais pouvoir tout reprendre de zéro, sans plus jamais penser à mes cheveux.

Jamais.

Épilogue

J'ai appliqué le plan avec une rigueur militaire.

Je me suis laissé pousser la barbe. Elle était longue, poivre et sel. Elle me donnait l'air d'un vieux sage.

J'ai porté pendant un mois de grosses lunettes en écaille, qui me mangeaient la moitié du visage.

Ce matin, j'ai rasé ma barbe et ôté les lunettes, selon l'ordre de mission qui m'avait été communiqué.

Maintenant je suis assis dans le petit cabinet. La « capillitologue » vient de terminer l'implantation, et je me découvre dans la glace. Je me trouve beau. Cela fait bien vingt-cinq ans que je ne me suis pas trouvé beau. Naturellement, ces cheveux ne sont pas à moi. Ils appartiennent – ils ont appartenu, devrais-je dire – à un Chinois. Des milliers de Chinois vendent chaque semaine leurs cheveux aux Occidentaux pour arrondir leurs fins de mois. On les a lavés, passés à la raboteuse (les cheveux de Chinois sont plus épais que les nôtres), teints à la couleur des quelques-uns qui me restent, en bas, sur l'arrière. On les a plantés solidement sur une espèce de film en caoutchouc, si fin qu'il en est transparent, et l'on m'a collé le tout sur la tête avec une résine extraforte.

Il ne faut pas se moquer, c'est le dernier cri de la technique. Ces cheveux chinois ont vraiment l'air de m'appartenir. On peut les tirer, les mouiller, les brosser, les friser. Lorsque l'on inspecte mon crâne, on a l'impression qu'ils sont plantés dessus, et il faudrait une loupe pour repérer la ligne qui les sépare de mes authentiques mèches. Personne, à part moi et ma capillitologue, ne peut deviner que tout cela est factice.

Je descends l'escalier. Au rez-de-chaussée, je croise mon image dans le miroir et cela me fait sursauter. Je n'ai pas l'habitude de me voir ainsi, avec une parfaite chevelure. La dernière fois, ce devait être du temps de Giscard d'Estaing. La capillitologue, qui est aussi coiffeuse, m'a fait une coupe moderne, assez courte derrière, un peu échevelée devant, c'est jeune et décontracté, j'aime bien. Dans le métro, je regarde si l'on me regarde, mais personne ne me regarde. Les gens ne savent pas que j'ai de faux cheveux sur la tête. Ils me prennent pour un homme normal.

Me voilà presque au bureau. Que vont-ils dire en me voyant ? J'ai un peu peur. Ce n'est pas facile à vivre, une telle transformation en moins de vingt-quatre heures. J'ai l'impression d'être devenu un autre. Est-ce qu'ils vont me reconnaître ? Est-ce qu'ils vont me trouver ridicule ? J'espère que le coup des lunettes et de la barbe va marcher, cela me permettrait de mieux digérer l'électrochoc (si tant est qu'on puisse digérer un choc électrique.) Bon, la secrétaire écarquille les yeux, mais elle ne dit rien, elle ne doit pas oser. Ah ! voici un homme à tout faire, apparemment venu réparer une étagère, je le croise souvent dans les parages. Il me regarde bizarrement. Il voit que quelque chose a changé dans mon visage, mais il ne sait pas très bien quoi. Après réflexion, il dit : « Tiens, vous avez coupé votre barbe ! »

Ça marche !

Je vois le rédacteur en chef approcher du fond du couloir. Lui aussi me regarde d'un drôle d'air, ça doit leur faire bizarre à tous. Il se gratte la tête, fronce les sourcils et semble tout à coup comprendre. Il me demande : « Mais qu'est-ce que tu as fais de tes lunettes ? »

Ça marche du tonnerre !

Maintenant ils sont tous dans mon bureau, les confrères, les maquettistes, les secrétaires de rédaction, les correcteurs, les documentalistes. Beaucoup se sont fait prendre au coup de la barbe, et puis tous ont fini par réaliser. Que je ne suis plus chauve. Que j'ai des cheveux de Chinois sur la tête. Ils posent des questions, tripotent ma nouvelle crinière, cherchent la faille, le défaut, le truc qui cloche, et ne trouvent rien. Ils disent : « C'est extraordinaire ce qu'on fait maintenant, on ne voit absolument pas que c'est un postiche, on peut tirer dessus ? » Ils tirent. Ils tirent fort, cela me fait un peu mal, presque comme s'ils tiraient mes vrais cheveux. « Bon, et moi dans tout ça ? — Toi ? C'est très bien. C'est très beau. » Je leur dis : « Vous savez, je ne sais pas si je vais garder ces cheveux de Chinois sur la tête, c'est juste une expérience, je veux voir à l'usage. » Ils répondent : « Oh mais il n'y a pas à hésiter, il ne faut surtout pas les enlever ! Ça te rajeunit de dix ans et tu es tellement plus séduisant. »

Les jours suivants c'est le tour des amis et de la famille. L'accueil est plus mitigé. Quelques-uns – ceux qui m'aiment le plus ? – trouvent que « ce n'est pas moi », ils me demandent d'enlever « cette chose » au plus vite. Ma femme et mes enfants sont de cet avis. Mes parents hésitent. Les autres jugent le truc formidable. Une amie me dit : « Maintenant, je comprends pourquoi tu as de beaux enfants. » C'est dur d'entendre ça. Une autre me regarde avec des yeux brillants : « Tu sais, tu vas faire un malheur auprès des femmes, tu es très beau. »

Est-ce qu'elle veut dire que j'étais laid avant ?

Les premiers jours, je me sens bien. C'est vrai, les femmes me sourient plus facilement. Il me semble que j'ai plus confiance en moi. Je repense à Marie, à cette folle histoire. Vingt ans déjà. Est-elle toujours en ménage avec ce Jacques Rivoire ? Aux dernières nouvelles, ça marchait pas mal entre eux. Je repense à ces années d'angoisse avec elle, à cette peur panique de la perdre avec mes cheveux, à cette subite éclaircie juste après la rupture. Pendant quelques semaines, j'ai vraiment cru être sorti de mon enfer. Avant que ne s'abatte à nouveau la chape de l'obsession.

Les jours passent et je suis de plus en plus satisfait. Je me sens bien. Je crois que je vais garder définitivement ces cheveux chinois, même si cela me coûte un peu cher (il faudra prendre un abonnement, car le postiche doit être changé tous les mois). Ce serait trop dur de redevenir comme avant, j'aurais l'impression de retourner en prison après une permission de sortie. D'ailleurs les gens commencent à s'habituer, ils ne me font presque plus de réflexions. Bientôt, tout le monde aura oublié que j'étais chauve, ce ne sera plus qu'un mauvais souvenir. Quel soulagement ! Cette fois, je crois bien que je l'ai trouvée la solution. Il m'en aura fallu du temps, mais je l'ai trouvée. Je téléphone à ma capillitologue pour lui annoncer la bonne nouvelle. Elle est vraiment contente pour moi. Elle dit : « Maintenant, vous allez pouvoir être heureux. »

Je suis au bord de la piscine avec mon ami Léon. Il fait chaud. Léon aussi est très content que je me sente bien dans ma peau. Mais, tout à coup, je vois son sourire se figer. Il se penche vers moi. Il inspecte ma chevelure. Il a l'air soucieux. Il dit : « Ça se décolle. » Je passe ma main sur mon crâne et je sens le film plastique se soulever. C'est la chaleur qui a ramolli la colle. Il me dit : « Tu ne peux pas garder un truc pareil, tu te rends compte, si ça s'en va entre deux stations de métro ou au milieu d'un déjeuner professionnel ? »

Le lendemain, je retourne chez ma capillitologue et je me fais enlever ce truc. C'est comme si on m'arrachait une partie de moi, même si ce n'est pas une vraie partie de moi. Il faut plusieurs minutes pour débarrasser mon crâne des lambeaux de résine. Ensuite, on le frotte avec des produits décapants, pour lui rendre son aspect habituel. En descendant, je croise mon image dans le miroir du rez-de-chaussée, et je suis surpris de m'y trouver chauve.

Me revoilà, Boulaz !

Paris, Cœuvres et Valsery, mars-juillet 2006.

Remerciements

Merci à mes enfants, d'avoir supporté stoïquement mon humeur impossible pendant ces longues semaines d'écriture.

Merci à Véronique, de me supporter courageusement depuis si longtemps malgré ma coiffure invisible.

Merci à Vanessa Portal, pour son aide précieuse.

Merci à Sylvie Delassus, pour sa confiance et ses coups de baïonnette dans le dos.

Enfin merci à Anne Rosencher, pour ses conseils, ses encouragements, et pour son amitié.

Achevé d'imprimer sur les presses de

BUSSIÈRE

GROUPE CPI

à Saint-Amand-Montrond (Cher)
en octobre 2006

Dépôt légal : octobre 2006
N° d'édition : 46861/01 – N° d'impression : 063553/1

Imprimé en France